BIBLIOTECA ESCOLAR, EIS A QUESTÃO!

Do espaço do castigo ao centro do fazer educativo

Lucia Helena Maroto

BIBLIOTECA ESCOLAR, EIS A QUESTÃO!

Do espaço do castigo ao centro do fazer educativo

2ª edição

autêntica

Copyright © 2009 Lucia Helena Maroto

PROJETO GRÁFICO DA CAPA
Alberto Bittencourt
(sobre imagem de "O Bibliotecário" – 1566, de Giuseppe Arcimboldo)

EDITORAÇÃO ELETRÔNICA
Christiane Morais de Oliveira

REVISÃO
Lira Córdova

EDITORA RESPONSÁVEL
Rejane Dias

Todos os direitos reservados pela Autêntica Editora. Nenhuma parte desta publicação poderá ser reproduzida, seja por meios mecânicos, eletrônicos, seja via cópia xerográfica, sem a autorização prévia da Editora.

AUTÊNTICA EDITORA LTDA.

Belo Horizonte
Rua Aimorés, 981, 8º andar . Funcionários
30140-071 . Belo Horizonte . MG
Tel.: (55 31) 3222 6819

Televendas: 0800 283 13 22
www.autenticaeditora.com.br

São Paulo
Av. Paulista, 2073 . Conjunto Nacional
Horsa I . 11º andar . Conj. 1101.
Cerqueira César . 01311-940 . São Paulo . SP
Tel.: (55 11) 3034 4468

Dados Internacionais de Catalogação na Publicação (CIP)
(Câmara Brasileira do Livro, SP, Brasil)

Maroto, Lucia Helena
 Biblioteca escolar, eis a questão! Do espaço do castigo ao centro do fazer educativo / Lucia Helena Maroto. – 2. ed. – Belo Horizonte : Autêntica Editora, 2012.

 Bibliografia.
 ISBN 978-85-7526-435-5

 1. Bibliotecas escolares 2. Bibliotecas escolares - Brasil 3. Biblioteconomia - História 4. Cultura 5. Educação 6. Leitores 7. Leitura 8. Livros e leitura I. Título.

09-09932   CDD-027.80981

Índices para catálogo sistemático:
1. Brasil : Bibliotecas escolares : Biblioteconomia 027.80981

À minha família, em especial, à minha mãe Marfisa Soares Maroto (*in memorian*), que com o seu exemplo de professora dedicada, comprometida e perseverante me ensinou que a Educação é a melhor herança.

A meu filho Glauber Maroto, um leitor muito especial.

A todos os amigos e companheiros que comungam comigo os mesmos ideais em favor da leitura e da Biblioteca neste país.

Aos professores José Aquino de Oliveira e Miguel Depes Tallon, amigos "abensonhados" que ficaram guardados no coração.

A Deus, que na sua infinita bondade emprestou os tijolos e iluminou os caminhos para esta construção.

E a todos que contribuíram com seus comentários, sugestões e experiências para enriquecimento e valorização deste trabalho, os meus sinceros agradecimentos.

*Vamos achar o diamante
para repartir com todos.
Mesmo com quem não quis vir
ajudar, falto de sonho
com quem preferiu ficar
sozinho bordando de ouro
o seu umbigo engelhado.
Mesmo com quem se fez cego
ou se encolheu na vergonha
de aparecer procurando,
com quem foi indiferente
e zombou das nossas mãos
infatigadas na busca.
Mas também com quem tem
medo do diamante e seu poder,
e até com quem desconfia
que ele exista mesmo.*

THIAGO DE MELLO

Sumário

Apresentação – Eliana Yunes..13

Introdução..17

Um passeio pela história do livro..23

De biblioteca em biblioteca: da Antiguidade Clássica ao século XXI...............31

Era uma vez... O livro e a biblioteca na história do Brasil.......................43

A biblioteca escolar no Brasil hoje..57

Biblioteca escolar: centro difusor do fazer educativo............................75

Pra ler e saber: iniciativas de promoção da leitura e de valorização da biblioteca desenvolvidas nas mais diversas cidades e regiões brasileiras......................91

- Sala de leitura – Nova Friburgo/RJ
  Raquel Nader..92

- Biblioteca Maria Geaquinto: promovendo a leitura e o conhecimento – Jerônimo Monteiro/ES
  Maria Neila Geaquinto...95

- Relatos do mundo da leitura do povo ribeirinho – Parintins/AM
  Joelma Monteiro de Carvalho..99

- Feira literária – Mimoso do Sul/ES
  Betania Brum Gomes..103

- Biblioteca solidária: quando a leitura ultrapassa os limites da escola – Uberaba/MG
  Tânia Cristina Fígaro Ulhoa..110

- Leitura na praça e na escola – Santa Leopoldina/ES
Ana Maria Röphe da Silva, Carlos Alberto do Nascimento...................117

- Letras de vida: escritas de si – Vitória da Conquista/BA
Heleusa Figueira Câmara..122

- Viagem pela literatura – Vitória/ES
Elizete Terezinha Caser Rocha..126

Considerações finais..131

Referências...137

Glossário..143

Anexo: Lei nº 10.753 de 30 de outubro de 2003 – Institui a Política Nacional do Livro...145

Sobre a autora..151

Apresentação

Profª Drª Eliana Yunes / PUC-Rio

O trabalho que vamos ler, de Lucia Maroto, tem o hálito da experiência: não é pensar – e bem –, mas realizar – e muito bem – o que se imagina como saída para os impasses da biblioteconomia com a formação de leitores.

Quando o PROLER foi criado, após uma longa pesquisa com estudantes de graduação e pós-graduação na Pontifícia Universidade Católica do Rio de Janeiro (PUC-Rio), onde tratávamos de pensar o que seria uma Política Nacional de Leitura – pesquisa esta apoiada pela FINEP, no fim dos anos 1980, em moldes que a UNESCO preconizava para a Cultura e para a Alfabetização – a maior dificuldade residia na descrença das pessoas, cansadas de ver soluções teóricas, longe das práticas, cansadas do discurso oficial e da inércia, também oficial.

O Programa Nacional de Incentivo a Leitura – resultado da pesquisa na PUC-Rio enquanto eu também era Diretora da Fundação Nacional do Livro Infantil e Juvenil, e apresentado à Fundação Biblioteca Nacional na gestão de Affonso Romano de Sant'Anna (1991), quando eu já dirigia apenas o Centro de Documentação e Pesquisa da FNLIJ e fui convocada para colocá-la em prática – tornou-se hoje um marco em Política de Leitura, persistente no imaginário da sociedade, apesar de todos os percalços, intervenções e descaracterizações que sofreu.

Entre 1992 e 1996, ocorreu no país uma revolução graças à estratégia de parcerias e partilhas, de diálogo e troca, entre pesquisadores e promotores de leitura, pais, professores, bibliotecários, escritores, ilustradores, artistas e amigos do livro e das artes que assumiram a leitura como condição de desenvolvimento cognitivo, afetivo, intelectual e de criação de uma cidadania consciente e responsável a partir da vida que emana das narrativas, em múltiplas linguagens.

Na última fase, a acusação que sofria das autoridades (in)competentes era que o projeto tinha jeito missionário (*sic*) como se a educação neste país pudesse ser realizada sem que a tarefa fosse tomada com devoção: recursos, desperdícios, fórmulas, leis não adiantaram soluções.

Pois, justamente, com pessoas como Lucia Maroto, à frente da biblioteca da Secretaria Estadual de Educação do Espírito Santo, a inserção oficial no programa se alterou definitivamente para melhor. Não eram o cargo, os louros, a mídia, o que buscava: ela tinha conhecimento de causa para entender as limitações da Promoção da Leitura nos moldes tradicionais e vislumbrou – como nós da FBN – uma aliança poderosa para transformar o *modus operandi* que havia.

Lucia, pessoa sensível e modesta, arregimentou seus conhecimentos, integrou-se ao Comitê local e ao Nacional e veio trazendo observações, propostas, trocando experiências, observando práticas. Ela não aprendeu apenas com o PROLER, mas ele veio viabilizar e articular ações dispersas nas cidades e nos estados brasileiros entre pessoas iguais a ela, e aprendeu delas. Todos foram se reconhecendo criadores no programa que intervinha nas vidas pessoais e públicas de seus agentes – leitores. Lucia estava entre eles.

"De espaço do castigo a Centro do fazer educativo", foi surgindo uma nova ação bibliotecológica, sobretudo onde ela mais se fazia ausente: na escola!

A partir daí, exemplos singelos, mas extraordinários em sua ação renovadora, apareceriam pelo país afora. Lucia foi registrando, acompanhando, colaborando com o cuidado amoroso de quem sabe o que faz e degusta esse prazer. Sua presença serena iluminou muitos trabalhos, filho a tiracolo, exemplo da formação que exerce.

Seu trabalho, ao longo daqueles anos 1990 e ainda hoje, é reconhecido, solicitado, embora testemunhe o desmonte que as vaidades pessoais, tanto entre administradores como entre acadêmicos, tem provocado em muitas áreas no país – mais trágico quando se trata da educação e da cultura. Digo isso porque, vendo a incúria de tantos a seu redor, ela não desanimou, mas perseverou no gesto semeador de refletir, partilhar e agir em favor de uma biblioteconomia tão preocupada com o leitor quanto com o acervo.

Este livro testemunha uma vida profissional nascida de sua experiência de leitora e que pode contribuir eficazmente e sensivelmente para a mudança de paradigma bibliotecário. Ao trazer experiências de outros agentes e generosamente promulgar a precedência da partilha, da parceria, da articulação, da valorização de iniciativas alheias, ela coroa sua ação política e pedagógica, descrita neste livro.

Ler esta obra é certificar-se de que uma decisão política pode ajudar a mudar a realidade social, com voluntariado, sem voluntarismos, com trocas e sem prepotências; a "tese" de Lucia Maroto, em sua especialização, aponta para a agente de leitura pesquisadora, atuante na escola e fora dela, a animar os que percebem a necessidade de mudanças e estão à procura de caminhos.

Como o poeta Antonio Machado, Lucia Maroto descobriu que "no hay camino, se hace camino al andar".

Janeiro, 2009.

Introdução

> *Nós temos que educar as pessoas para diferentes leituras.*
> *A pessoa tem que ler o espaço urbano, a publicidade, a estética.*
> *A questão hoje é a do olhar.*
> *Antes, o grande recurso era a palavra. Hoje é a imagem.*
>
> Francisco Aurélio Ribeiro

Das imagens na pedra (5.500 a.C.) à tela do computador, a humanidade percorreu longos caminhos e enfrentou inúmeros desafios em busca da liberdade de expressão e de produção, da democratização e da socialização da cultura e do conhecimento. Desde a constituição das maiores e mais importantes bibliotecas da Antiguidade Clássica até a invenção e fabricação do papel pelos chineses, o homem utilizou-se dos mais diversos suportes para registro dos acontecimentos, das impressões e, especialmente, para suprimento das suas necessidades cotidianas de aprendizado e de uso da palavra escrita.

Para chegar ao objeto de estudo e pesquisa deste trabalho, *Biblioteca escolar*, fiz uma retrospectiva às origens e evolução histórica do *livro* e das *bibliotecas*, pontuando os fatos mais relevantes e significativos no percurso compreendido entre a Antiguidade e a Idade Média, ou seja, suas características religiosas e sagradas; as perseguições políticas e os incêndios sofridos, culminando com a destruição de grande parte da produção literária da Antiguidade greco-romana; o estabelecimento de normas rígidas para o acesso a esses espaços de leitura e de estudo, especialmente para o público leigo; o surgimento das bibliotecas universitárias e particulares e o advento da imprensa na segunda metade do século XV que permitiu a popularização do livro e a democratização da informação em todas as partes do mundo.

Apresento um relato sobre o surgimento e atuação das bibliotecas brasileiras nos primeiros séculos de colonização do país e o desenvolvimento da imprensa a partir do século XIX com a instalação da Biblioteca Real na cidade do Rio de Janeiro, trazida de Portugal para o Brasil por D. João VI. Durante os três primeiros séculos, a impressão de quaisquer documentos e a circulação de livros eram expressamente proibidas pelo governo português. Tal como no período medieval, a prática da censura e os dispositivos do regulamento da biblioteca brasileira do século XIX a caracterizavam como o lugar *"augusto e sagrado"*, o espaço do silêncio, inacessível às camadas populares, simples e trabalhadoras. A elitização da leitura e do livro, as normas rígidas e proibitivas e a ausência da tradição bibliotecária vêm permeando a humanidade por séculos a fio e, ainda hoje, em pleno século XXI, têm reflexos na maioria das escolas brasileiras onde a biblioteca escolar, quando existe, é o lugar do silêncio, o espaço do castigo.

Antes da chegada da Corte Portuguesa, as instituições religiosas eram as principais mantenedoras e administradoras dos colégios e das bibliotecas do Brasil colônia. A partir de 1810, além da instalação da Biblioteca Real e da primeira tipografia, várias bibliotecas públicas foram criadas pelo país afora. No entanto, mesmo com a proliferação das bibliotecas e a implantação da imprensa, os índices de analfabetismo não apresentaram mudanças significativas em relação aos percentuais registrados na segunda década do século XIX, e cerca de 80% da população brasileira não sabia escrever o próprio nome.

Em 1906, começaram a surgir em algumas cidades brasileiras as bibliotecas populares, criadas pelas associações de trabalhadores, com o objetivo de alfabetizar e politizar os operários. Eram geralmente lideradas por imigrantes que organizavam cursos, palestras e outras atividades de comunicação e de conscientização das classes trabalhadoras. Já naquela época, os operários utilizavam a imprensa para denunciar todo tipo de exploração a que eram submetidas as camadas populares, especialmente o menor e a mulher, enfatizavam também a importância da escola e o papel do educador na formação da cidadania.

A partir de 1930, iniciativas de promoção da leitura e de valorização da biblioteca começaram a surgir no país com a criação de bibliotecas infantis em alguns estados, além da instituição de programas e projetos de leitura, nas últimas décadas do século XX, desenvolvidos junto às escolas da rede oficial de ensino, e a outras instituições públicas e privadas comprometidas com a formação do leitor, dentre eles: o Projeto Ciranda de Livros e o Programa Salas de Leitura na década de 1980, o Programa Nacional de Incentivo à Leitura (PROLER), implantado a partir de 1992 em todos os estados, e a partir daí os seus desdobramentos nas mais diversas cidades e recantos brasileiros, e ainda o Programa Nacional Biblioteca da Escola (PNBE), que distribui livros de literatura e outros materiais bibliográficos às escolas da rede pública do país, desde 1998.

Enfim, chegamos à biblioteca escolar no contexto educacional brasileiro, onde a ausência da prática bibliotecária configurada durante os primeiros séculos do Brasil colônia é motivada ainda nos dias de hoje, pelo desinteresse das autoridades competentes em implantar uma rede de bibliotecas com espaços adequados, acervos atualizados e profissionais especializados; e também pela existência de um sistema de ensino que funciona dentro de um esquema de reprodução de discursos, onde, na maioria das vezes, as únicas fontes de conhecimento são o professor e o livro didático. Esses fatores contribuem para que a escola pública, sem biblioteca, seja um *"instrumento imperfeito"*. Como destaca Milanesi (1988, p. 86):

> [...] o subdesenvolvimento começa nas escolas sem bibliotecas adequadas, um espaço ausente que dá o caráter da vida escolar brasileira, ainda mantida sob a tutela discursiva dos professores, tão impositivos quanto mal remunerados. Enfim, o subdesenvolvimento nacional começa numa escola que, mesmo tendo uma biblioteca, não sabe o que fazer com ela, pois dentro do sistema de ensino que prevalece não há lugar para ela.

Ao longo das últimas décadas, alguns outros fatores têm caracterizado a biblioteca escolar como um apêndice da escola: o desinteresse por parte de muitos profissionais da educação e da biblioteconomia, pela utilização dos recursos bibliográficos no processo de ensino-aprendizagem e de formação do leitor; o excesso de burocracia, tecnicismo e de zelo com o acervo; e, ainda, o estabelecimento de normas rígidas e proibitivas e a falta de integração desses profissionais no momento do planejamento e desenvolvimento das atividades de leitura e de pesquisa, dentro e fora do espaço escolar.

E para que a biblioteca escolar tenha um lugar de destaque no contexto educacional, transformando-se num centro dinamizador e difusor da leitura e do conhecimento, alguns aspectos relevantes relacionados ao desenvolvimento de serviços bibliotecários no âmbito escolar são abordados e discutidos no capítulo "Biblioteca escolar: centro difusor do fazer educativo", bem como o estabelecimento de propostas inovadoras de dinamização e de incentivo à leitura e à pesquisa, com vistas ao possível rompimento com a reprodução do discurso *"unívoco"* praticado na sala de aula, à transformação da biblioteca escolar num espaço democrático e de acesso crítico à leitura e ao conhecimento e à reconstrução coletiva (professores, bibliotecários, alunos e demais segmentos sociais) da escola pública e da sua reinserção na vida social brasileira, restabelecendo e reafirmando a sua função pedagógica junto à sociedade. A esse respeito Waldeck Silva (1995, p. 18-19) ressalta:

> [...] acreditamos numa escola que possa formar cidadãos críticos, capazes de utilizar criticamente o conhecimento construído na escola para analisar o real e, diante dele, fazerem as suas opções profissionais, culturais e políticas, de forma consciente, livre e autônoma.

Dentre os aspectos apontados, destacam-se: a biblioteca escolar como espaço de formação permanente para bibliotecários, professores e outros profissionais da educação; a valorização do profissional bibliotecário e sua participação efetiva no planejamento e desenvolvimento das práticas leitoras no espaço escolar; e a sedução e envolvimento dos alunos, dos demais segmentos da sociedade organizada e autoridades competentes, para que, numa ação coletiva, lutem pela implantação e manutenção de um Sistema de Bibliotecas Escolares com infraestrutura adequada, profissionais habilitados e acervos bibliográficos e audiovisuais atualizados que atendam às reais necessidades de produção e difusão da leitura e do conhecimento, pois, conforme adverte o professor Ezequiel Theodoro da Silva (1989, p. 33): "[...] talvez a implantação da biblioteca possa re-colocar os eixos da escola nos seus devidos lugares, combatendo a ignorância e abrindo perspectivas para um maior conhecimento do mundo".

Por fim, concluindo este percurso pelos caminhos do livro e das bibliotecas, no último capítulo divulgo algumas iniciativas de promoção da leitura e de valorização do espaço da biblioteca, já desenvolvidas ou em fase de desenvolvimento em algumas cidades brasileiras, dentro e fora do espaço escolar.

Cabe informar, ainda, que esta obra originou-se do trabalho elaborado e apresentado em 1996, por ocasião da conclusão do Curso de Especialização Teoria e Práticas da Leitura realizado na Pontifícia Universidade Católica do Rio de Janeiro (PUC-Rio), sob a coordenação da professora Eliana Yunes e orientação das professoras Nanci Gonçalves da Nóbrega (RJ) e Silvana Pinheiro Taets (ES), tendo o mesmo sido atualizado, ampliado e reformulado para publicação.

Um passeio pela história do livro

> *Chama-se de Local de Informações Variadas, Reutilizáveis e Ordenadas – L.I.V.R.O. L.I.V.R.O. que, em sua forma atual, vem sendo utilizado há mais de quinhentos anos, representa um avanço fantástico na tecnologia. Não tem fios, circuitos elétricos, nem pilhas. Não necessita ser conectado a nada, ligado a coisa alguma. É tão fácil de usar que qualquer criança pode operá-lo. Basta abri-lo! [...]. Elegante, durável e barato, L.I.V.R.O. vem sendo apontado como o instrumento de entretenimento e cultura do futuro, como já foi de todo o passado ocidental. São milhões de títulos e formas que anualmente programadores (editores) põem à disposição do público utilizando essa plataforma. E, uma característica de suprema importância: L.I.V.R.O. não enguiça!*
>
> MILLÔR

Fazendo um percurso pelos caminhos da história das civilizações em busca das origens do livro, encontramos por volta do ano 5.500 a.C. a pictografia – sistema de imagens gravadas na pedra –, primeiro processo do qual o homem pré-histórico se serviu para expressar a sua visão de mundo, registrar os grandes acontecimentos, e certamente garantir a sua contribuição na escalada evolutiva da humanidade.

Já na Antiguidade, entre 3.200 e 3.000 a.C., pesquisadores e estudiosos do assunto afirmam que o principal suporte utilizado para a escrita foi a argila, com a escrita cuneiforme, pelos sumérios, povo descendente da região da Mesopotâmia, situada entre os Rios Tigre e Eufrates. Entre os povos sumerianos, babilônios e assírios, foram encontradas grandes bibliotecas constituídas por milhares de placas de argila, contendo em sua maioria testamentos, contas e cartas dos reis daquela época.

Outro material de grande relevância e muito empregado na fabricação de livros foi o papiro, planta originária das margens do Rio Nilo, no Egito. As folhas de papiro emendadas formavam rolos, que eram denominados *volumen*, de até 20 metros, o título encontrava-se no fim, às vezes no interior, ou ainda numa etiqueta pendente do cilindro que os envolvia. De acordo com Labarre (1981, p. 9), "Um dos maiores papiros encontrados que se tem notícia foi o Harris (crônica do reinado de Ramsés III) que ultrapassa 40 metros, entre outros que a literatura bizantina menciona."

Os egípcios constituíram grandes bibliotecas com livros de literatura, matemática, astronomia, filosofia, religião, medicina, história, geografia, entre outros. A Biblioteca de Alexandria, criada por volta de 295 a.C. – durante o reinado dos três primeiros Ptolomeus da última dinastia dos faraós do Egito, sucessores de Alexandre, fundador da cidade de Alexandria –, era considerada a maior e mais célebre da Antiguidade, cuja coleção acredita-se ter sido composta por 700.000 rolos de papiro.

A segunda maior biblioteca do mundo antigo que se tem notícia foi a de Pérgamo, criada por Eumenes II, rei de Pérgamo, na Ásia Menor (entre 197 e 159 a.C.), onde se desenvolveu importante técnica de aperfeiçoamento do pergaminho, outro material utilizado para a escrita, na Antiguidade Clássica. A rivalidade e os conflitos entre esses dois célebres e renomados centros do saber incentivaram a busca por outros suportes da escrita, impedindo, assim, que a produção de livros e a transcrição de textos fossem interrompidas. A respeito dessas duas Bibliotecas, Regina Zilberman (2001, p. 62) escreve:

> Por toda a Antigüidade, Atenas manteve sua posição de liderança no campo cultural e pedagógico. Assistiu, porém, ao aparecimento de rivais poderosos: Alexandria, sede da mais afamada biblioteca do passado, organizada, no século III a.C., [...], Pérgamo que, além de acolher biblioteca igualmente prestigiada, desenvolveu importante técnica de aproveitamento da pele de carneiro para fixar o material escrito, conhecido doravante como pergaminho, e notabilizou-se pela escola de gramática aí situada; [...].

Com relação a origem e utilização do pergaminho, em substituição ao papiro, algumas histórias povoaram a imaginação de historiadores e curiosos da época, mas que, de acordo com pesquisadores e estudiosos, não passaram de lendas.

Conta-se que Ptolomeu V Epifânio, rei do Egito, desejando combater a Biblioteca de Pérgamo, proibiu a exportação do papiro, tirando-lhe o mais cômodo e usual material de escrita. Outra diz que Eumenes II, rei de Pérgamo, querendo escapar do monopólio egípcio do papiro, inventou um novo material de escrita extraído da pele de animais. Verdade ou não, o que se sabe é que, depois da escassez natural do papiro e das guerras que impediram a sua exportação, o suporte empregado com grande progresso na escrita foi o pergaminho, cuja técnica de origem oriental foi aperfeiçoada em Pérgamo (por isso chamado pergaminho), com a utilização de couro e a pele de diversos animais, dentre eles: carneiro, bezerro, cabra e até jumento (CANFORA, 2001; FLOWER, 2002; LABARRE, 1981; MARTINS, 1957).

Devido à relativa carência da matéria prima, o custo da mão de obra e o tempo requerido para o seu preparo, o pergaminho mantinha-se com um preço bastante elevado, e a sua utilização na fabricação de livros só substituiu completamente o papiro a partir do século IV da nossa era. Os livros fabricados em pergaminho tinham a forma de códex, a escrita era realizada nas duas faces (frente e verso), as folhas reunidas pelo dorso e encobertas por uma capa lhe conferia um formato bem próximo do suporte de escrita que conhecemos hoje. Martins (1957, p. 62) relata que, além da pele de animais:

> Há livros *escritos* em pergaminho humano. Assim, a biblioteca de Dresde possui, entre os seus manuscritos, um calendário mexicano em pele humana. E o nosso conhecido LECOY DE LA MARCHE enriquece o assunto com as seguintes observações: "um antigo bibliotecário da Sorbonne, o digno Gayet de Sansale, assinala um exemplar das Decretais executado em pele humana. Em um outro dos seus manuscritos, uma *Bíblia* latina do século XIII, ele pensou reconhecer o cordeiro da Irlanda, mas tal é a brancura e a pureza do velino que um outro crítico, o padre Rive, afirmou tratar-se de pele de mulher."

Ainda do reino animal, outros produtos foram experimentados, embora sem muito sucesso, dentre eles: marfim, osso e até intestinos de animais. Muitos outros materiais foram utilizados na Antiguidade como suporte da escrita para a fabricação de livros.

Do reino mineral, foi a pedra que serviu como primeiro suporte para o registro dos acontecimentos e das manifestações artísticas e espirituais do homem primitivo; onde, segundo o Velho Testamento, foram gravados os Dez Mandamentos; os maias escreviam em edifícios de pedras os seus admiráveis calendários; os gregos e romanos, mesmo depois da invenção do livro, gostavam de reproduzir em suas muralhas os fatos de maior relevância.

O mármore foi utilizado nas inscrições tumulares e cívicas e até em calendários. A argila, já citada anteriormente, que transformada em pequenas lajotas de diversos formatos constituiu as mais famosas bibliotecas da Mesopotâmia. O bronze, onde os romanos escreviam o seu *"Tratado de Paz"*, especialmente a famosa *"Lei das Doze Tábuas"*, e certos discursos do Imperador Cláudio eram inscritos nesse metal. O chumbo e os chamados "metais nobres", o ouro e a prata, também foram empregados na escrita. Ainda hoje, os dois últimos são usados em inscrições comemorativas, nas placas dos monumentos, entre outros.

Do reino vegetal, a madeira foi o primeiro suporte da escrita, empregada principalmente pelos romanos, sob a forma de tabletas enceradas, em correspondências, cadernos de estudos, anotações, contas e até pelo Imperador Carlos Magno, que iniciou o costume de estabelecer o "orçamento" do palácio nessas tabletas, costume este que foi mantido por muitos reis franceses. A vantagem do uso desse material era a sua possível reutilização tantas vezes quantas necessárias, bastando raspar a cera e substituí-la por outra. Outros povos, como os egípcios e os gregos, já usavam a madeira nessa época, e suas tabletas eram conhecidas até pelos Judeus.

Da entrecasca de árvores, material macio localizado entre a casca da árvore e a madeira, eram fabricados livros sanfonados pelos maias e os astecas, antes de 1492. O papiro, anteriormente citado, foi o suporte da escrita de incontestável valor histórico, pelos textos que conteve e pelas bibliotecas que constituiu, dentre elas a de Alexandria, considerada a maior da Antiguidade. A palmeira, vegetal abundante na Índia, ainda hoje é usada na fabricação de livros, por alguns países asiáticos. Suas folhas depois de preparadas para receber a escrita eram costuradas, e protegidas por dois pedaços de madeira que serviam de capa.

A seda foi o principal material utilizado na fabricação de livros na Pérsia e na China, os quais eram guardados sob a forma de rolos. Segundo pesquisadores do assunto, os chineses já fabricavam livros de seda por volta do século 213 a.C. O elevado custo desse material obrigou-os a optar pelo aproveitamento de trapos e tecidos usados, submetendo-os a um processo de fermentação e desintegração das fibras, formando assim uma pasta que depois de seca se transformava em papel. Originário do Oriente, como o papiro, o papel foi introduzido pelos árabes, na Espanha (século XI), na Itália (século XII) e na Europa, por volta do século XIV (LABARRE, 1981; MARTINS, 1957).

A técnica de fabricação do papel criada pelos chineses é a mesma utilizada atualmente em todos os países, inclusive no Ocidente, que difundida e aperfeiçoada transformou o papel no poderoso sucessor do papiro e do pergaminho, e no bem de consumo mais potente e de maior alcance já inventado pelo homem.

Enfim, chegamos ao século XXI com o papel e o livro cada dia mais sofisticados e aperfeiçoados, e com diversos outros suportes da informação: mapas, microfilmes, filmes, discos, fotografias, vídeos, disquetes, CD-ROMs, computadores, etc., para satisfazer todas as necessidades e gostos (HERKENHOFF,1996; MARTINS, 1957; NÓBREGA, 1995).

Acerca dessa *"idade eletrônica"* ou *"era eletrônica"* que se nos apresenta, vale ressaltar as observações de Chartier (1994, p. 106-107):

> Supondo que, num futuro mais ou menos próximo, as obras de nossa tradição não sejam mais comunicadas ou decifradas a não ser através de uma representação eletrônica, será grande o risco de ver perdida a inteligibilidade de uma cultura textual ou um antigo elo, essencial a ligar o próprio conceito de texto a uma forma particular de livro: o códex. [...].
>
> A biblioteca do futuro deverá ser, também, o lugar onde poderão ser mantidos o conhecimento e a compreensão da cultura escrita nas formas que foram, e que ainda hoje são, majoritariamente as suas. A representação eletrônica de todos os textos cuja existência não começa com a informática

não deve, em absoluto, significar o abandono, o esquecimento, ou pior, a destruição de objetos que foram os seus suportes. Mais do que nunca, talvez, uma das tarefas essenciais das grandes bibliotecas é a de coletar, proteger, recensear (por exemplo, sob a forma de catálogos coletivos nacionais, primeiro passo na direção de bibliografias nacionais e retrospectivas) e, também, tornar acessível a ordem dos livros que ainda é a nossa, e que foi a de homens e mulheres que lêem desde os primeiros séculos da era cristã. Apenas preservando a inteligência da cultura do códex poderemos gozar a "felicidade extravagante" prometida pela tela.

Com relação às bibliotecas que possuem os suportes da informação supracitados, vale destacar a Biblioteca do Congresso Americano, sediada em Washington, e que se encontra entre as maiores e mais modernas bibliotecas da contemporaneidade. A respeito do seu acervo, Martins publicou em 1957, no livro *A palavra escrita: história do livro, da imprensa e da biblioteca* (p. 396), as seguintes informações:

> Hoje, a Biblioteca do Congresso possui cerca de nove milhões de volumes impressos, além de onze milhões de manuscritos, dois milhões de mapas, 75 mil rolos de microfilmes, 80 mil rolos de filmes, 2 milhões de partituras musicais, 300 mil discos, 2 milhões de fotografias, 500 mil postais e 750 mil panfletos, cópias fotostáticas, cartazes e outros materiais. Ao todo, diz Dan Lacy, de quem tiro estes dados recentes, "a coleção da Biblioteca, arquivada nas prateleiras que medem cerca de 400 quilômetros de extensão, contém mais de 27 milhões de peças".

Em uma reportagem publicada pela revista *Superinteressante*, em 1992 (p. 51), sobre algumas das melhores bibliotecas do mundo, a Biblioteca do Congresso é apresentada da seguinte forma:

> Num edifício de estilo renascentista e cúpula envidraçada, às margens do Rio Potomac, em Washington, está fincada a Biblioteca do Congresso, a maior do mundo, inaugurada em 1802, [...]. De papiros a discos ópticos, passando pela Bíblia de Gutenberg, o primeiro livro jamais impresso, tem-se aí, catalogada e alojada em 858 quilômetros de prateleiras, a própria História da humanidade.

Ainda sobre a Biblioteca do Congresso, na 3ª edição do livro *A Palavra Escrita*, publicado em 2002 (p. 350), Martins relata:

> Essa é a maior biblioteca do mundo. Em 1992, informa John Y. Cole (Jefferson's legacy. A brief history of the Library of Congress,1993),

> "A Biblioteca adquiriu o seu centésimo milionésimo item. As coleções incluem agora aproximadamente 15 milhões de livros, 39 milhões de manuscritos, 13 milhões de fotografias, 4 milhões de mapas, mais de 3,5 milhões de peças de música e mais de meio milhão de filmes. Com mais de 5.600 incunábulos, sua coleção é a maior do hemisfério ocidental e sua coleção de mapas, atlas, jornais, música, filmes, fotografias e microformas é provavelmente a maior do mundo. Suas coleções são particularmente fortes em história, política e literatura dos Estados Unidos; geografia, leis e particularmente legislação estrangeira [...]; publicações de sociedades científicas do mundo inteiro; história da ciência; bibliotecas e biblioteconomia, bibliografias de todos os assuntos. [...] Sua coleção de material luso-hispânico é a maior do mundo".

A Biblioteca enriquece os seus fundos, além da contribuição do depósito legal, graças a doações e intercâmbio, sem falar nas aquisições, que constituem o meio mais eficiente de que dispõe.

E ainda percorrendo o continente americano, chegamos à *Biblioteca Ano 2000*, a maior biblioteca brasileira. Sobre essa biblioteca, o pesquisador capixaba Paulo Herkenhoff (1996, p. 259), em seu livro *Biblioteca Nacional: a história de uma coleção*, escreveu:

> A Biblioteca Nacional é também o grande espaço da história editorial brasileira que se produz no presente. Aqui estão os escritórios do ISBN e do Direito Autoral. Para aqui se destina o Depósito Legal e daqui se publica a Bibliografia Brasileira. O Escritório de Direito Autoral, com representação em vários estados, processa o registro que garante o benefício da autoria dos textos. A Biblioteca do Ano 2000 também poderá ser a biblioteca de dez milhões de itens. Só em 1994 foram coletados cerca de 200.787 peças através de depósito legal, doações, compra e intercâmbio. Isso permite projetar aquela marca para o final do século, consolidando o lugar da nossa instituição como a oitava maior biblioteca pública do mundo.

Sobre a constituição do seu acervo, ele destaca:

> A nova lei do depósito legal determina o encaminhamento à Biblioteca Nacional de dois exemplares de tudo que se edita no Brasil e inclui todas as formas de edição da informação, inclusive discos, gravuras, CD-ROMs e fitas de vídeo. A Biblioteca Nacional assessorou o Congresso na adequação do projeto de lei do Depósito Legal às necessidades contemporâneas da instituição e do país frente às transformações dos processos tecnológicos da informação. (1996, p. 259)

Fundada em 1810, com acervo inicial de 60.000 peças, a Biblioteca Nacional Brasileira é considerada a maior da América Latina, e ocupa o oitavo lugar entre as maiores bibliotecas nacionais do mundo. "Estima-se que possua hoje, aproximadamente nove milhões de itens", dos quais:

> [...] cerca de 800.000 manuscritos (séc. XI a XX) dentre eles, uma bíblia do século XI em pergaminho (a peça mais antiga da coleção); 2.500 atlas e 20.000 mapas entre impressos e manuscritos; 50.000 volumes de obras raras, do século XV (incunábulos) ao século XX (edições especiais). Fazem parte desta coleção a Bíblia de Mogúncia impressa em 1462, também conhecida como a Bíblia de 42 linhas, e uma Gramática Tupi do Padre Anchieta, e ainda, mais de um milhão de obras gerais que vão do século XVIII ao XXI. (<http://www.bn.br>. Acesso em: 22 mar. 2007)

Por fim, para concluir este percurso pelos *"caminhos do livro"*, com a palavra o escritor Moacyr Scliar, que, com a sensibilidade que lhe é peculiar, destaca o lugar do livro na escalada evolutiva da humanidade em seu romance *A mulher que escreveu a Bíblia* (2002, p. 116), através do seguinte diálogo entre o Rei Salomão (Rei de Israel – 961 a 920 a.C.) e uma de suas mulheres, num harém de setecentas, a única letrada:

> Quero ser lembrado por algo que dure para sempre. Sabes o quê?
> Fez uma pausa, olhou-me, e anunciou, solene: – Um livro.
> Um livro que conte a história da humanidade, de nosso povo.
> Um livro que seja a base da civilização.
> Claro, o livro, como objeto, também é perecível.
> Mas o conteúdo do livro, não.
> É uma mensagem que passa de geração em geração, que fica na cabeça das pessoas. E que se espalha pelo mundo.
> O livro é dinâmico. O livro se dissemina como as sementes que o vento leva. [...]. – Quero que escrevas esse livro.
> Quero que descrevas a trajetória de nossa gente através do tempo. [...].
> Quero um livro que as gerações leiam com respeito, mas também, com encanto.

De biblioteca em biblioteca: da Antiguidade Clássica ao século XXI

> *A biblioteca é a mais antiga e freqüente instituição identificada com a cultura. Desde que o homem passou a registrar o conhecimento ela existiu, colecionando e ordenando tabuinhas de argila, papiros, pergaminhos e papéis impressos. Está presente na história e nas tradições.*
>
> Luís Milanesi

Não existiram diferenças significativas entre as bibliotecas antigas e medievais com relação à composição do acervo, sua organização e seu funcionamento. A diversidade de materiais utilizados não alterava em nada a importância e as finalidades atribuídas aos textos, pelos leitores para os quais se destinavam, e que, geralmente, eram ligados a uma ordem religiosa ou sagrada (Martins, 1957).

Até o século XV, a maioria das bibliotecas pertencia a um corpo religioso, tendo em vista as grandes oficinas de copistas instaladas nos conventos, e a produção e reprodução coletiva (por vários copistas) dos manuscritos antigos e sagrados sob a coordenação de monges experientes, que, além de abastecerem a oficina de material e dividirem o trabalho, supervisionavam os textos, asseguravam a guarda dos livros e garantiam o controle da comunicação. Como afirma Martins (1957, p. 72-74):

> Até a Renascença, as bibliotecas não estão à disposição dos profanos: [...] o livro, a palavra escrita eram o mistério, o elemento carregado de poderes maléficos para os não-iniciados: cumpria manuseá-los com os conhecimentos exorcismatórios indispensáveis. [...], essa noção, mesmo, de "leitor" é uma noção moderna: da Antigüidade à Idade Média é uma figura que não existe materialmente, a do leitor, tal como a concebemos hoje em dia. Os progressos da instrução foram lentos, mesmo entre as classes nobres, e todos sabem não terem sido numerosos os grandes senhores medievais capazes de ler e de escrever.

Outro fator que contribuiu para esse processo foi a localização das bibliotecas nos conventos com a única porta voltada para o interior do edifício, onde viviam os grandes sacerdotes, impedindo o acesso do leitor comum, dividindo assim a humanidade por séculos a fio, entre *"letrados"* e *"iletrados"*, entre *"clérigos"* e *"laicos"*, entre iniciados à palavra escrita e os não iniciados. De acordo com Charles Samaran, citado por Martins (1957, p. 75):

> Os antigos povos do Oriente, por exemplo os assírios e os egípcios, parecem ter conhecido apenas as bibliotecas religiosas e a sua noção de biblioteca se confundia com a de arquivos; não se tratava de bibliotecas em que um público, mesmo restrito, fosse admitido à consulta; os livros eram reservados a oficiantes ou comentadores quase funcionários.

A biblioteca era um *"depósito de livros"*. A palavra escrita, considerada pela igreja como elemento maléfico para os não iniciados, os profanos. Os sacerdotes eram os detentores da língua escrita e, portanto, os monopolizadores de todo o conhecimento religioso, científico e literário produzido naquela época.

Neste contexto, vale ressaltar a importância das duas maiores Bibliotecas da Antiguidade Clássica, a de Pérgamo e a de Alexandria, que, além de grandes difusoras do pensamento, foram também, conservadoras de textos *"profanos"*. A respeito dessas bibliotecas, Martins (1957, p. 76) destaca:

> Entre as Bibliotecas da Alta Antigüidade, as mais consideráveis e mais importantes foram, sem dúvida, as do Egito. Diodoro de Sicília conta que Osimandias, sucessor de Proteu e contemporâneo de Príamo, rei de Tróia, fundou a primeira biblioteca em Tebas, no Egito. Na sua entrada lia-se uma poética inscrição, mandada fazer pelo príncipe: O Tesouro dos Remédios da Alma.

O mesmo fato foi relatado pelos pesquisadores Canfora (2001) e Flower (2002), cuja insígnia "Lugar de Cura da Alma" conferida à Biblioteca Sagrada, ligada ao Templo de Ramesseum, em Tebas, no Egito, foi citada pelos historiadores Hecateu de Abdera (século IV a.C.) e Diodoro de Sicília (século I a.C.), em suas obras: *Histórias do Egito* e *História Universal*.

Seja lá como foi, essa *"poética inscrição"* traduz bem a afetividade e a importância atribuídas ao livro, pelos amantes e difusores da leitura e do conhecimento em todos os períodos da humanidade, do mundo antigo ao contemporâneo.

A Biblioteca de Alexandria foi criada e ampliada – durante o reinado de Ptolomeu I, Sóter, e seus sucessores (305 a 221 a.C.) – por sugestão de Demétrio Falereu, que, após governar Atenas por dez anos, exilou-se em Tebas, de onde saiu a convite do rei para se juntar aos *"melhores cérebros do mundo grego"*, atraídos para Alexandria com o objetivo de transformá-la no maior centro cultural do mundo mediterrâneo. Entre eles, encontravam-se os principais poetas, filósofos, matemáticos, gramáticos, dramaturgos, cientistas, geógrafos e médicos, tais como: Eratóstenes, Teócrito, Zenódoto, Hecateu de Abdera, Maneton, Diodoro, Euclides, Arquimedes, Diofanto, Galeno, Herófilo, Calímaco, Aristófanes e outros. Dos grandes nomes citados, quero ressaltar o de Eratóstenes, que de acordo com Flower (2002, p. 66-67):

> [...] se destaca como o homem mais brilhante no Museu e na Biblioteca durante o século 3 a.C., e possivelmente de toda a história da erudição alexandrina.
>
> Poeta, filósofo, filólogo, matemático, astrônomo, cientista, geógrafo, crítico literário, gramático e inventor, ele comandou a cultura alexandrina durante quarenta anos como bibliotecário-chefe, posto que assumiu em 245 a.C. com apenas 31 anos [...].
>
> O fato de ter ganho um emprego prestigiado ainda jovem mostra quanto já era respeitado por suas aptidões intelectuais. [...]. E pode-se afirmar que foi o primeiro humanista verdadeiro, pois sustentava que o objetivo da arte, e especialmente da poesia, não era ensinar, mas entreter, uma ruptura renovadora com a maioria de seus colegas e antecessores. Também foi o primeiro a dar à crítica literária uma abordagem realista na apreciação de uma obra, que exigia que se baseasse no valor artístico e não simplesmente no valor moral.

A respeito da intensa vida intelectual e cultural de Alexandria nos primeiros 75 anos de governo dos três primeiros Ptolomeus (reis gregos da 32ª dinastia dos faraós do Egito), Flower (2002, p. 19) relata: "Ptolomeu I não era apenas um tirano sedento de glória [...], mas um homem de letras com uma queda por tudo que estivesse ligado ao intelecto". E com relação ao projeto de criação da Biblioteca: "[...] Ptolomeu I apoiou com todos os seus recursos e que se tornou realidade cerca de doze anos antes de sua morte em 282 a.C". Sobre Ptolomeu II, Filadelfo, ele destaca:

> Esse "rei-sol" amante do prazer e erudito foi responsável por uma verdadeira drenagem de cérebros de poetas, cientistas, matemáticos e médicos dos quatro cantos do mundo civilizado para sua brilhante corte em Alexandria, que se tornou um cadinho de nacionalidades. [...].
>
> Apaixonado colecionador de livros, Ptolomeu II Filadelfo adquiriu todos os papiros e rolos que podia conseguir, até mesmo bibliotecas inteiras, [...]. Assim, ao final de seu reinado de quase quarenta anos, os livros transbordavam da Biblioteca para os escritórios e armazéns reais, por isso foi tomada a decisão de construir uma segunda biblioteca para abrigá-los todos.
>
> O projeto foi concretizado por seu filho Ptolomeu III, Evergeta, e uma biblioteca filha foi incorporada ao vasto Serapeum, o templo dedicado ao novo deus padroeiro de Alexandria, Serápis, [...].
>
> Felizmente, como seu pai e seu avô, também era um grande patrocinador das artes. Bibliófilo apaixonado, comprava carregamentos inteiros de livros e se dispunha a gastar fortunas para obter códices ou papiros raros.
>
> [...] aqueles 75 anos de intenso patronato real colocaram esse epicentro do saber em uma posição de influência que o mundo ocidental não vivenciaria novamente por muito tempo, até a chegada do Renascimento, cerca de dezesseis séculos depois. (FLOWER, 2002, p. 20-22)

Além das obras adquiridas, e aquelas produzidas pelos gramáticos, filósofos, cientistas e demais pensadores citados, a Biblioteca de Alexandria foi considerada a mais célebre pelo valor dos manuscritos de Sófocles, Eurípedes, Ésquilo, e outros, que foram tomados emprestados do governo ateniense por Ptolomeu III, Evergeta, dos quais devolveu as cópias que mandara fazer, mantendo os originais em Alexandria. Da mesma forma procedeu junto aos portos egípcios, mandando revistar todos os barcos em busca desses materiais, que, quando encontrados, eram retidos e devolvidos só depois que deles fossem feitas cópias.

Sobre esses procedimentos, que em muitos casos levaram a Biblioteca de Alexandria a ostentar em sua coleção exemplares únicos da Antiguidade Clássica, Canfora (2001, p. 24) relata:

> Ptolomeu elaborou uma carta "a todos os soberanos e governantes da terra", na qual pedia que "não hesitassem em lhe enviar" as obras de todos os gêneros de autores: "poetas e prosadores, retóricos e sofistas, médicos e adivinhos, historiadores e todos os outros mais". Ordenou que fossem copiados todos os livros que por acaso se encontrassem nos navios

que faziam escala em Alexandria, que os originais fossem retidos e aos proprietários fossem entregues as cópias; esse fundo foi posteriormente chamado de "o fundo dos navios".

Outro fato de grande relevância ocorrido em Alexandria, referenciado por pesquisadores e estudiosos do assunto, foi a tradução para o grego dos livros sagrados dos hebreus realizada por um grupo de sábios mandados trazer de Jerusalém pelo soberano, pois, de acordo com Canfora (2001, p. 28), "[...], o objetivo almejado pelos Ptolomeus e executado pelos seus bibliotecários não era apenas a aquisição dos livros do mundo inteiro, mas também sua tradução para o grego". Sobre a forma de realização do trabalho, ele descreve:

> [...] ao contrário do que poderia se esperar, os 72 não foram levados ao Museu para executarem sua obra, e sim acomodados na ilhota de Faro, [...]. A cada passo que avançava o trabalho, era Demétrio que ia até eles, com um pessoal adequado, para levar a cabo a transcrição definitiva das partes traduzidas e acordadas. Em 72 dias, os 72 intérpretes concluíram a tradução. (2001, p. 38)

Este mesmo episódio é mencionado por Martins (1957, p. 77): "É ainda nessa biblioteca que se realizou uma tradução histórica: a dos livros sagrados dos hebreus, que setenta sábios passaram para o grego e que recebeu, por isso, o nome de 'Versão dos Setenta'". E por Flower (2002, p. 87), que faz a seguinte observação:

> Existem várias lendas sobre quando e como aconteceu a tradução. A mais pitoresca conta que, a pedido do Sumo Sacerdote Eliezar, Demétrio Falereu exortou Ptolomeu I a mandar trazer de Jerusalém os tradutores mais qualificados. O resultado foi a vinda de 72 tradutores [...], que foram abrigados em um número equivalente de celas na Ilha de Faro. Setenta dias depois, a tradução estava concluída, daí o nome Septuaginta, que em grego significa setenta. [...].
>
> Na verdade, o trabalho de tradução provavelmente levou alguns anos, ou mesmo décadas, e agora se presume que foi completado entre o fim do século 3 a.C. e a metade do século 2 a.C.

De qualquer forma, o que se sabe é que a tradução dos livros da lei hebraica constituiu-se num dos maiores acontecimentos históricos, por ter permitido a propagação do judaísmo e o estabelecimento do cristianismo no mundo mediterrâneo (MARTINS, 1957).

Questões políticas e religiosas, além da censura, foram as principais causas das perseguições e do desaparecimento da maioria das bibliotecas da Antiguidade. A de Alexandria, localizada no bairro de Bruquíon, teve a sua coleção praticamente destruída pelo incêndio provocado por Júlio César (general e político romano), em 48 a.C., que, para se defender do ataque do exército egípcio mandou incendiar todos os navios atracados no porto de Alexandria, o fogo percorreu os estaleiros e armazéns onde havia muitos códices e papiros, se estendendo, também, ao Bruquíon, atingindo o Museu e a Biblioteca.

Devido ao grande número de obras e ao exaustivo ofício dos copistas, a coleção da Biblioteca de Alexandria era composta por apenas um exemplar de grande número de obras literárias e de outros documentos, os quais, durante o histórico incêndio sofrido, com ela desapareceram. Os ataques e perseguições ao centro do saber Alexandrino prosseguiram, com trágicas repercussões para o patrimônio histórico, científico e cultural constituído durante séculos a fio pela Antiguidade Clássica.

Em 391 d.C., o bispo Teófilo, patriarca de Alexandria no reinado de Teodósio, comandou a destruição do Templo de Serapeum por concebê-lo um local de propagação do paganismo e do ateísmo, atingindo também a Biblioteca Filha, e, em 642 d.C., conforme relata Flower (2002, p. 190-192), o que restou foi completamente destruído.

> O fim do espetáculo para a cultura alexandrina aconteceu quando o general árabe Amr Ibn Al As conquistou o Egito em nome do Califa Omar e, depois de um cerco de catorze meses a Alexandria, encerrou quase novecentos anos de soberania greco-romana. [...].
>
> Certos historiadores sustentam que a maioria dos livros foi destruída ou escondida muito antes daquele ano fatídico de 642. Eles relembram os incêndios que devastaram a Biblioteca na época da batalha naval de César em 48 a.C., os danos e a devastação geral causada pelas sucessivas revoltas, [...], a devastação da Biblioteca Filha no Serapeum em 391 e a destruição de obras que cheirassem a paganismo ou heresia por bispos como Teófilo e Cirilo. [...]
>
> Entretanto, o ano de 642 assinalou o fim de uma época na história de Alexandria, e nos 1.150 que se seguiram, a orgulhosa e bela cidade praticamente morreu. As paredes que Alexandre Magno desenhara foram

derrubadas e os palácios e parques da cidade foram abandonados depois que a sede do governo egípcio foi transferida para a nova capital às margens do Nilo [...].

Quase 1.500 anos se passaram, após sua total destruição, quando, no ano 2002, para felicidade geral do planeta, bons ventos advindos do Oriente anunciam a inauguração, pelo presidente do Egito, da nova Biblioteca de Alexandria, "Bibliotheca Alexandrina", cujo projeto, elaborado em 1989, pela Empresa Norueguesa Snøhetta, foi o vencedor do concurso de arquitetura lançado pelo Estado Egípcio, para a nova Biblioteca, e patrocinado pela Organização das Nações Unidas para a Educação, Ciência e Cultura (UNESCO) em parceria com diversos países da cultura árabe e da região mediterrânea (<http://www.noruega.org.br>. Acesso em: 3 abr. 2006). A nova Biblioteca é descrita por Manguel (2006, p. 28) assim:

> A um custo de 220 milhões de dólares, atingindo 32 metros de altura e com uma circunferência de 160 metros, com espaço suficiente nas estantes para guardar mais de 8 milhões de volumes, a nova Biblioteca de Alexandria também abrigará material audiovisual e acervos virtuais em seus amplos aposentos.

Considerada uma das obras arquitetônicas mais importantes das últimas décadas, a Bibliotheca Alexandrina simboliza para a humanidade os momentos de glória vividos e perpetuados pelo legendário *"epicentro do saber"*, sabiamente definidos nas palavras de H.G. Wells (1991), citado por Flower (2002, p. 6):

> Aqui, então, temos a clara abertura do processo intelectual que vivemos ainda hoje; aqui, temos a reunião e distribuição sistemática de conhecimento. A fundação do Museu e da Biblioteca assinala uma das grandes épocas da história da humanidade. É o verdadeiro início da História Moderna.

A Biblioteca de Pérgamo, a segunda maior da Antiguidade, foi também perseguida, teve a sua coleção saqueada (acredita-se que cerca de 200.000 volumes) e doada pelo imperador romano Marco Antonio, em 41 a.C., à rainha Cleópatra, que, com o objetivo de compensar as perdas ocasionadas pelo incêndio, os introduziu na coleção da Biblioteca de Alexandria, e que, no decorrer dos ataques e perseguições, foi igualmente destruída. Acerca dessas lastimáveis destruições, Albert Labarre (1981, p. 17) adverte:

> A importância destas bibliotecas testemunha a pobreza da nossa herança clássica, e os textos que conservamos mal dão conta da atividade literária na Antigüidade greco-romana. [...] O que nos resta apenas representa uma fraca proporção daquilo que existia: no *Banquete dos Sofistas*, de Ateneu, escritor Alexandrino do século III a.C., encontram-se citações de 1.500 obras perdidas Stobeu, compilador grego do século V, faz 1.430 citações na sua *Antologia*; 1.115 provêm de obras desaparecidas. Sabemos que Ésquilo tinha composto 70 tragédias, e Sófocles 123; não restam senão 7 de cada uma deles, assim como não restam mais que 17 das 92 tragédias de Eurípedes, e 11 das 40 comédias de Aristófanes. Na literatura latina, existem as mesmas lacunas. Faltam-nos vários livros das grandes obras de Tácito e Tito Lívio, e a obra histórica mais importante de Salústio desapareceu; resta pouco das 74 obras de Varrão, que passava por ser um dos maiores sábios do seu tempo.

As bibliotecas da Antiguidade constituíram-se nas principais difusoras da palavra escrita para os poucos que já tinham acesso à leitura. Para suprir suas próprias necessidades, possuíam oficinas de copistas e revisores, os quais se dedicavam à transcrição dos textos e à organização de um exemplar de cada obra, que muitas vezes eram reproduzidas e distribuídas para serem difundidas junto aos povos do mundo mediterrâneo.

A formação de pequenas bibliotecas nos mosteiros, salvaguardaram para o mundo moderno grande parte das obras da Antiguidade Clássica. A contribuição da igreja foi fundamental na preservação e difusão desses manuscritos, pois, além da reprodução dos de cunho religioso, os monges se interessavam, também, pelos textos profanos.

No *scriptorium*, oficina onde os livros eram escritos, decorados e encadernados, os copistas trabalhavam incansavelmente na sua confecção, reproduzidos pelos monges, especialmente os beneditinos, com o objetivo de aprenderem e praticarem o latim, que era a língua oficial da igreja. A dedicação intensiva e o trabalho paciente desses religiosos na recuperação e preservação dessas obras constituem-se hoje num legado histórico e cultural de inestimável valor, construído pelas grandes civilizações do passado.

Sobre a importância da escrita e sua contribuição na escalada evolutiva da humanidade, Martins (1957, p. 69) faz a seguinte observação:

> A escrita está, como vemos, na fonte de todo progresso humano e já no século XVIII Diderot poderia resumir-lhe a importância ao observar, na Encyclopédie, que "Sem a escrita, privilégio do homem, cada indivíduo, reduzido à sua própria experiência, seria forçado a recomeçar a carreira

que o seu antecessor teria percorrido, e a história dos conhecimentos do homem seria quase a da ciência da humanidade".

A partir do século IV, as bibliotecas monásticas multiplicaram-se, e com elas difundiram-se o cristianismo e a cultura clássica por toda a Europa e pelo mundo ocidental. Nesse período, começaram a surgir as primeiras bibliotecas públicas. O imperador romano Júlio César foi o primeiro a ter a ideia de criação de uma biblioteca pública. No século IV, Roma já possuía 29 delas. De acordo com Martins (1957, p. 80), "Com os romanos, o livro passa da categoria sagrada para a categoria profana, deixa de ser intocável para ser condutor, e posto ao alcance de todos, é o veículo por excelência das idéias, dos projetos e dos empreendimentos".

Durante o período medieval surgiram, também, bibliotecas particulares, que existiram em grande número na Antiguidade, e as bibliotecas universitárias. Os possuidores de bibliotecas particulares, nesse período, foram reis (que carregavam suas coleções nas viagens e expedições), literatos, eruditos e personalidades da alta sociedade. O livro era um objeto muito caro, inacessível aos leigos, transformando-se por esse motivo numa peça de luxo e de decoração.

As bibliotecas universitárias surgiram no decorrer do século XIII, com a fundação das Universidades. Foi um acontecimento que favoreceu o crescimento da vida intelectual das cidades, e principalmente a expansão dos centros de produção e difusão do livro. Com elas um novo mundo de profissionais e de leitores se estabelecia. Essa necessidade coincidia com o desenvolvimento da língua *"vulgar"*, que, até então, era transmitida oralmente (MARTINS, 1957).

Pelo fato de estar sempre localizada num espaço isolado e sem ruídos, com seus livros acorrentados e inacessíveis a *"qualquer"* público, a Biblioteca Universitária do período medieval era caracterizada como um lugar *"augusto"* e *"sagrado"*, conforme estabelecia o regulamento da Biblioteca da Universidade de Sorbonne, em Paris, em vigor até o século XV, citado por Martins (1957, p. 92-93), do qual transcrevo alguns dispositivos que tratam do atendimento ao público e da utilização do acervo.

> 3°) Se alguém introduzir um estranho na biblioteca, não poderá afastar-se dele, salvo se deixar alguém com o visitante. Mas se o que introduzir

um estranho na biblioteca se afastar sem estar certo de que uma pessoa da casa consente em acompanhar o visitante, o introdutor incorrerá na multa de seis tostões.

Outros dispositivos acrescentados posteriormente:

II - É proibida a entrada às crianças e aos iletrados;

III - Se pessoas recomendáveis e instruídas solicitarem a entrada, um dos membros da sociedade deverá servir-lhes de introdutor, mas os seus criados permanecerão à porta;

X - Tanto quanto possível, o silêncio deve reinar na biblioteca, como num lugar augusto e sagrado.

A elitização da leitura e do livro, e a prática da censura – durante a Antiguidade e no decorrer do Período Medieval – chegaram ao Brasil no bojo da colonização, antes mesmo da biblioteca, e ainda hoje continuam fortemente arraigados no seio da sociedade brasileira com sérias consequências e repercussões para a sua vida social, intelectual e cultural, haja visto os elevados e alarmantes índices de analfabetismo, dos quais inúmeros segmentos das classes populares trabalhadoras têm sido vítimas no transcorrer desses 500 anos de história do país (MORAES, 1979; MILANESI, 1988).

Antes de adentrar na história do livro e das bibliotecas brasileiras, vale ressaltar um fato ocorrido na Europa, mais especificamente na Alemanha, na segunda metade do século XV. Foi a invenção da imprensa de tipos móveis pelo alemão Johann Gutenberg, nascido em Mogúncia, no final do século XIV. O livro impresso em papel ficou conhecido a partir de 1444 em todos os países da Europa. Como afirma Herkenhoff (1996, p. 33): "É um momento revolucionário na história do Ocidente, alterando profundamente a circulação da informação e o acesso ao conhecimento. Estima-se que a produção de toda Europa foi superior a trinta mil títulos no século XVI".

Os livros impressos nos primeiros anos de implantação da imprensa até o ano 1500 eram denominados "incunábulos". A Bíblia de Mogúncia é o mais antigo incunábulo, impresso na Europa, em 1462, pelos sucessores de Gutenberg, Jean Fust e Pedro Schoffer, que, conforme Martins (1957, p. 174), "ainda no decorrer do século XV ampliaram e aperfeiçoaram "essa arte" memorável de imprimir livros, que revolucionou a vida e a história dos povos do ocidente, democratizou a informação e facilitou o acesso ao conhecimento". E com relação a esse incunábulo, que se destaca entre os mais antigos da coleção de obras raras da Biblioteca Nacional Brasileira, ele informa:

> Mas sem dúvida, a obra suprema de Gutenberg e desses primórdios da imprensa é a Bíblia que levou o seu nome, editada em dois volumes "in-folio", conhecida como "a Bíblia de 42 linhas" e também pelo nome de "Bíblia Mazarina", por ter pertencido à biblioteca do Cardeal Mazarino [...]. (1957, p. 174)

O desenvolvimento da imprensa permitiu que o livro se tornasse mais barato e mais acessível em todas as partes do mundo, transformando-se nos últimos séculos num dos instrumentos de maior relevância para o crescimento intelectual e espiritual do homem. Enfim, a invenção da imprensa permitiu ao homem viajar para o passado e para o futuro, conhecer a ciência e apreciar a arte. Com a popularização do livro, o pensamento e a história da humanidade podem ser contados e recontados entre todas as pessoas e por todos os povos.

Acerca da invenção de tipos móveis no Ocidente e dos benefícios e alcance da imprensa no decorrer do século XV, bem como sua invenção e difusão em períodos anteriores, junto aos povos do Oriente, Chartier (2000, p. 22-23) faz algumas considerações e observações:

> Como sabemos o tipo móvel foi inventado nas civilizações asiáticas bem antes de sua descoberta no Ocidente. O tipo móvel em terracota era usado na China desde o século XI. No início do século XIII os textos coreanos eram impressos usando-se caracteres de metal, enquanto na China no mesmo século, eram usados os caracteres de madeira [...].
>
> Tendo inventado o tipo móvel, o Oriente não o usou amplamente. Mas isso não implica a ausência de uma cultura de impressão de grande escala. Ele dependeu de uma técnica usada no Ocidente somente na segunda metade do século XIV: a produção de livros impressos a partir de blocos. [...]. A civilização da imprensa e da publicação não pode ser restrita somente à "Galáxia de Gutenberg".

É certo que a invenção de Gutenberg tornou possível a reprodução de textos em grande número de cópias, transformando, assim, as condições de transmissão e recepção de livros. [...]. Mas isso não é razão suficiente para considerar que a única possibilidade para "publicação" de um texto fosse a impressão e que a técnica ocidental fosse a única capaz de estabelecer uma ampla difusão da cultura impressa.

Até o início do século XIX, a difusão da imprensa e a popularização do livro na América Latina não tiveram o mesmo desempenho dos demais países do Ocidente, de acordo com Martins (2002, p. 355), "A vida intelectual na América Latina não tem a intensidade já atingida na Europa e nos Estados Unidos".

No Brasil, seu desenvolvimento só teve início a partir da primeira década com a vinda da Corte Portuguesa, transferida de Lisboa para a cidade do Rio de Janeiro, no ano de 1808, e da Biblioteca Real, instalada em 1810. Até então, conforme veremos no capítulo a seguir, as "censuras" instituídas pelo governo português, durante os três primeiros séculos de colonização, não permitiam a produção nem a impressão de livros e quaisquer outros documentos no país.

E por falar em livro e biblioteca..., assuntos que continuarão em pauta nos próximos capítulos, com *"As palavras"* o filósofo francês Jean-Paul Sartre (1978, p. 31-32):

> Deixavam-me vagabundear pela biblioteca
> e eu dava assalto à sabedoria humana.
> Foi ela quem me fez. [...].
> Nunca esgaravatei a terra nem farejei ninhos,
> não herborizei nem joguei pedras nos
> passarinhos. Mas os livros foram meus passarinhos
> e meus ninhos, meus animais domésticos,
> meu estábulo e meu campo;
> a biblioteca era o mundo colhido num espelho;
> tinha a sua espessura infinita,
> a sua variedade e a sua imprevisibilidade.

Era uma vez... O livro e a biblioteca na história do Brasil

> *Ler significa descortinar, mudar de horizontes, interagir com o real, interpretá-lo, compreendê-lo e decidir sobre ele. Desde o início a leitura deve contar com o leitor, sua contribuição ao texto, sua observação ao contexto, sua percepção do entorno. O prazer de ler é também uma descoberta.*
>
> ELIANA YUNES

Durante a primeira metade do século XVI, não se têm notícias sobre a existência de livros no Brasil. Só a partir de 1549, com o estabelecimento do governo-geral em Salvador/BA, é que foram instaladas as primeiras bibliotecas conventuais brasileiras, sob a coordenação dos padres da Companhia de Jesus, que, logo após chegarem ao Brasil, deram início à fundação de colégios na Bahia e em outras capitais. De acordo com Fernão Cardim (1939), citado por Rubens Borba de Moraes (1979, p. 3), "[...] os jesuítas, no final do século XVI, já tinham em Salvador uma Biblioteca instalada em sala especial do seu Colégio".

Serafim Leite (1940), também citado por Moraes (1979, p. 3), informa sobre a existência de livros em outros locais e regiões do país e as formas de constituição dos acervos desses espaços:

> Nas suas casas do Rio de Janeiro, São Paulo e Espírito Santo o mesmo acontecia, embora em menor escala. A livraria do Rio, por exemplo, teve núcleo grandemente aumentado com a doação que lhe fez o Visitador Eclesiástico Bartolomeu Simões Pereira, que trouxe de Portugal sua biblioteca, quando veio para o Brasil em 1577. Falecido em torno de 1601, no Espírito Santo, deixou para o Colégio do Rio metade de seus livros, incluídas todas as obras que possuíra de Direito Civil e Canônico.

Nesse período, já existiam inúmeras bibliotecas nos conventos de diversas cidades e estados brasileiros: Rio de Janeiro, Olinda, Recife, Maranhão, Pará e São Paulo. Além dos jesuítas, outras ordens religiosas possuíam boas bibliotecas e mantinham escolas nos conventos, nos três primeiros séculos do período colonial: a dos Beneditinos, Franciscanos e Carmelitas, as quais exerceram um papel fundamental na alfabetização e na vida cultural do povo brasileiro, até o final do XVIII.

Essas bibliotecas eram constituídas por preciosas coleções que abrangiam os mais diversos ramos do conhecimento. Adquiridas através de compras e doações, mantinham-se acessíveis aos padres, alunos e a quaisquer outras pessoas que a elas recorressem em busca de informações. Dentre as bibliotecas conventuais, a de Salvador, de acordo com Rubens Borba de Moraes (1979, p. 4), era a maior em número de acervo e a mais rica da época:

> O teto da suntuosa sala é "uma das jóias da pintura brasileira". O painel central (*Sapientia aedificavit sibi domum*) é, incontestavelmente, uma das belas representações da pintura barroca no Brasil. Não há dúvida que lembra as esplêndidas salas que os reis e príncipes europeus mandavam construir e decorar para instalar seus livros e seus *cabinets de curiosités*. Essa biblioteca, começada modestamente com as obras trazidas pelo Padre Manoel da Nóbrega, em 1549, chegaria a possuir 15.000 volumes quando foram expulsos os jesuítas. É um número considerável para a época. Havia sido constantemente enriquecida.

Ainda com relação à Biblioteca de Salvador, Serafim Leite (1938-1950 apud MORAES, 1979, p. 4) diz que *"sempre teve bons bibliotecários. Um deles, o Padre Antônio Vieira"*, por ter sido um grande amigo dos livros e o responsável pelas bibliotecas de todos os conventos por onde passou. Um outro bibliotecário notável foi o professor irmão Antônio da Costa, nascido em Lião, na França, que se destacou como o bibliotecário responsável pela organização, por autor e por assunto, de todos os livros da referida Biblioteca, tendo sido considerado o primeiro catálogo verdadeiro de biblioteca brasileira (MORAES, 1979).

De 1536 a 1768, a impressão e a seleção dos livros destinados ao abastecimento e ampliação dos acervos das bibliotecas dos conventos eram submetidas a três censuras: Santo Ofício e Ordinário, pela Igreja Católica, e a mesa do Desembargo do Paço, pelo poder civil. Essas censuras suprimiam as obras consideradas obscenas, aquelas consideradas ofensivas à monarquia, à moral e à própria religião católica.

As bibliotecas dos conventos eram praticamente as únicas controladas pelas normas da censura e da fiscalização em vigor. Não existia na colônia um comércio regular de livros, e a única tipografia que havia sido instalada em 1747, no Rio de Janeiro, foi fechada na mesma época por ordem de Lisboa, através da Carta Régia, com ameaças de prisão para os infratores, além da proibição de qualquer forma de impressão e de aquisição de manuscritos, a não ser vindos de Portugal. Como informa Herkenhoff (1996, p. 79):

> Um prelo instalado no Rio de Janeiro em 1747 foi confiscado e, logo depois, ressurgem as severas proibições às atividades editoriais no país. Consequentemente, o Brasil foi um dos últimos países da América a conhecer a imprensa. Até 1808, o livro surgiu e circulou no Brasil com enorme dificuldade [...].

Tais ameaças não impediram que muitos tivessem boas bibliotecas particulares. Luís Milanesi (1988, p. 2) cita alguns dos inconfidentes de Vila Rica que possuíam notáveis coleções, como atestava os *Autos da Devassa* da Inconfidência Mineira:

> Não se sabe se as bibliotecas desses homens ilustrados eram clandestinas. Sabe-se claramente que eles foram incriminados também em razão de determinadas obras que possuíam. É o caso de Tiradentes, que foi flagrado com a Coleção das Leis Constitucionais dos Estados Unidos da América. Cláudio Manoel da Costa juntou em vida 388 volumes e o Padre Luís Vieira, com oitocentos volumes arrolados na devassa, era proprietário de uma das mais amplas e completas coleções do Brasil de então. Esse acervo equiparava-se a uma selecionada coleção européia.

Além dos inconfidentes mineiros, alguns inconfidentes baianos são apontados, também, como possuidores de obras proibidas, em sua grande maioria de livros franceses ou traduzidos para o francês, e poucos livros portugueses, são eles: Cipriano Barata de Almeida, com 30 obras, e Hermógenes Francisco de Aguiar Pantoja, com 22 obras. Outro baiano, o padre Francisco Agostinho Gomes, é citado por Borba de Moraes (1979, p. 20):

> Esse verdadeiro "filósofo" ilustrado reuniu a melhor e maior livraria particular existente no Brasil na passagem do século XVIII para o XIX. Infelizmente não existe um catálogo dessa coleção. O padre Agostinho

Gomes doou-a à Biblioteca Pública da Bahia, logo após sua fundação. Seus livros misturaram-se com outros. Podemos, entretanto, avaliar sua importância pelo depoimento de viajantes ingleses que a visitaram nos primeiros anos do século passado. Compunha-se de "diversos milhares de volumes dos melhores autores", informa O'Neil. Thomas Lindley visitou o padre Francisco Agostinho Gomes em 1803. Impressionado com sua cultura, notou na biblioteca obras de Lavoisier, de Buffon, a *Encyclopédie* de Diderot e D'Alembert e livros em inglês e francês sobre "história natural, economia, política, viagens e filosofia". Notou a presença da *History of America*, de William Robertson, a *Wealter of Nations*, de Adam Smith e as obras de Thomas Paine. Livros esses proibidos pela censura.

Até meados do século XVIII, as instituições religiosas eram as principais mantenedoras e administradoras dos colégios e das bibliotecas do Brasil colônia. Elas contribuíam fundamentalmente na formação cultural e intelectual dos estudantes brasileiros, que, com a prosperidade e enriquecimento do país, conseguiam viajar para Portugal, a fim de completar seus estudos na Universidade de Coimbra. Moraes (1979, p. 19) relata que, "No decorrer do século formaram-se nessa universidade 1752 brasileiros".

A partir de 1759, com as medidas tomadas pelo Marquês de Pombal, de expulsão dos jesuítas da Companhia de Jesus do Brasil, proibição da fundação de novos conventos e da instituição do ensino leigo no país, as bibliotecas foram praticamente relegadas ao abandono em todos os conventos em que se encontravam instaladas. Umas tiveram suas coleções confiscadas, saqueadas e vendidas como papel velho; outras foram corroídas pelos insetos e destruídas pela falta de conservação. A Biblioteca do Convento de Salvador, além de ter seu acervo confiscado e destruído, sua suntuosa sala ficou também abandonada até o início do século XIX, onde, após ser restaurada, foi instalada, em 1811, a Biblioteca Pública da Bahia, a primeira do Brasil.

Após a expulsão da Companhia de Jesus, e alegando falta de regras claras e específicas, e de unidade de critério para a seleção de livros e de outros impressos, e, ainda, devido ao grande número de livros proibidos encontrados nas bibliotecas dos jesuítas, em

1768, o Marquês de Pombal unificou as três censuras em vigor no país, através da criação da Real Mesa Censória. E, com a nova lei, estabeleceu-se amplos poderes de fiscalização das bibliotecas públicas e particulares, e de todos os livros que entrassem no Brasil. Em 1787, a rainha D. Maria I reformou, mais uma vez, os mecanismos da censura, criando a Real Mesa da Comissão Geral para Exame e Censura dos Livros, que vigorou até 1794, quando foram restabelecidos o Santo Ofício, o Ordinário e a Mesa do Desembargo do Paço.

Ainda com relação às bibliotecas conventuais, vale a pena destacar a do Convento de São Francisco na cidade de São Paulo, considerada uma das melhores no decorrer do século XVIII. Seu acervo abrangia os mais variados assuntos e autores, era constituído por obras clássicas e modernas, que foram reunidas pelo presidente da Província Lucas Antônio Monteiro de Barros, com a junção das bibliotecas do bispo paulista D. Luís Rodrigues Vilares, em 1810 (deixada em testamento aos franciscanos de sua cidade), e a da Cúria que o bispo D. Fr. Manuel da Ressurreição havia trazido de Portugal em 1774. No final do século XVIII, essa Biblioteca passou a servir para os estudos superiores dos alunos da Faculdade de Direito criada em São Paulo nessa mesma época.

Moraes (1979, p. 18) destaca a riqueza das obras e dos autores reunidos em seu acervo:

> Não resta dúvida que era uma biblioteca variada contendo as obras básicas sobre cada assunto. Não continha exclusivamente obras clássicas, mas também obras modernas sobre temas variados. Era uma coleção comparável à que teria um homem culto europeu. Nota-se uma predominância de autores franceses. Não é de se admirar: a língua francesa era universal no século XVIII e, em Portugal e no Brasil, seria a segunda língua de todo homem culto até meados do século XX.

Com a decadência das Bibliotecas Conventuais e a rigorosidade da censura estabelecida no Brasil, até o final do século XVIII, o acesso ao livro e a outras fontes de informação impressas só foram regularizados a partir de 1810, com a instalação da Biblioteca Real, na cidade do Rio de Janeiro, trazida de Lisboa por D. João VI, por ocasião da transferência da Corte Portuguesa para o Brasil, motivada pela invasão das tropas napoleônicas a Portugal. Lucia Neves (2000, p. 378) enfatiza sobre a repercussão desse acontecimento histórico na vida social e cultural brasileira:

> [...], a transferência da Corte Portuguesa para o Rio de Janeiro, em 1808, trouxe um enriquecimento da vida cultural da colônia, a partir das necessidades da elite dominante, que nela encontrava as formas de sociabilidade indispensáveis para sua própria existência. A criação da Imprensa Régia, pelo decreto de 13 de maio, contribuiu como nenhuma outra medida para despertar essa vida cultural. Além dos inevitáveis documentos oficiais, esse órgão cuidou da publicação de jornais e de muitas obras de cunho científico e literário. Paralelamente, cresceu o número de livrarias e um outro tanto de estabelecimentos que revendiam, juntamente com artigos variados, as publicações do dia.

No entanto, nas primeiras décadas do século XIX, o controle de livros e de outros impressos que circulavam no país mantinha-se em vigor, e ainda mais rigoroso e eficiente, agora sob a responsabilidade da Junta Diretora instituída a partir da instalação da Imprensa Régia e, posteriormente, pela Mesa do Desembargo do Paço, que reivindicou e teve concedido o direito de exercer, mais uma vez, a prévia censura sobre todo e qualquer material impresso no Brasil, bem como, as obras estrangeiras, que só poderiam ser retiradas das alfândegas com a devida licença do Desembargo. As severas proibições às atividades editoriais no país, de acordo com Herkenhoff (1996, p. 79), "era para impedir a expansão e fortalecimento de sentimentos nativistas contrários aos interesses da coroa portuguesa".

A Biblioteca Real teve o seu acervo ampliado e enriquecido com a aquisição de coleções particulares remanescentes dos primeiros séculos de colonização do Brasil, e pela doação de um exemplar de cada obra impressa nas tipografias do Reino, em cumprimento à Lei do Depósito Legal, que fora estabelecida em Portugal, por D. Maria I, em 1807, e estendida ao Brasil, a partir de 1808. Essa Lei encontra-se em vigor, ainda hoje, para os editores nacionais, como forma de garantir a preservação da memória do país e propiciar ao povo brasileiro o acesso ao patrimônio histórico, científico e cultural produzido pela coletividade.

Instalada inicialmente no Hospital da Ordem Terceira do Carmo, a Biblioteca Real teve como primeiro responsável pela guarda e conservação dos seus manuscritos o português Luís Joaquim dos Santos Marrocos, que chegou ao Rio de Janeiro, em 1811, acompanhando a segunda remessa de livros destinados à ampliação do seu acervo. Em 1814, foi aberta ao público com uma coleção básica de 60.000 volumes. Chegou junto com ela, também, ao Brasil a tipografia, até então proibida por Lisboa.

Primeiro chamou-se Real Biblioteca, depois Biblioteca Imperial e Pública da Corte, a partir de 1876, Biblioteca Nacional, e em 1990 foi transformada em fundação de direito público, vinculada ao Ministério da Cultura e denominada Fundação Biblioteca Nacional. Com uma coleção de aproximadamente 9.000.000 de volumes, a Biblioteca Nacional Brasileira é considerada pela UNESCO, como a oitava maior do mundo e a maior da América Latina (<http://www.bn.br>. Acesso em: 22 mar. 2007).

Em 1821, por "ordem" de D. João VI, padre Dâmaso *"prefeito"* da Real Biblioteca, redigiu o seu primeiro regulamento – *Estatutos da Real Bibliotheca: mandados ordenar por sua Magestade* – com 32 artigos, transcrito por Rubens Borba de Moraes (1979, p. 215-221), dos quais destaco três, que dispõem sobre o atendimento aos consulentes e sobre o seu percurso de acesso à palavra escrita:

§ XI.

O Prefeito cuidará em que a Real Bibliotheca esteja com toda a Limpeza, e arranjo possivel procurando corresponder com attenção, civilidade, e cortezania aos que tem faculdade, e procurarem a Real Bibliotheca para se instruirem facilitando-lhes os livros que pedirem, e se lhe poderem confiar conforme as Leys tanto Civis como Ecclesiasticas sobre a leitura dos livros; e se algum dos que concorrerem á Real Bibliotheca faltar ao respeito devido a tal Caza dará conta ao Ministro Director sobre este ponto. Cuidará tambem o mais que lhe fôr possivel em evitar toda a desordem, e rumor, e assim tambem zelará que se não escreva sobre os livros, e que estes se não manchem, maltratem, ou extraviem procurando tambem que na caza se guarde silencio, e se não perturbe a attenção dos que estudão. Como com o andar dos tempos se vio ser precizo haver na Real Bibliotheca huma guarda militar como a havia em Lisboa; ao

Prefeito pertence dar-lhe as Ordens que ella deve observar, e avizar o Commandante do Corpo a que ella pertencer das faltas que ella fizer; não dando ao Commandante da Patrulha a gratificação estabelecida, senão no acto de ser rendido, se tiver cumprido com a sua obrigação.

§ XXIX.

Nenhum Empregado poderá tirar, ou extrahir, nem consentir que se tire ou extraia livro algum impresso, ou manuscripto, nem coiza alguma pertencente á Bibliotheca; e todos terão summo cuidado, e indispensável obrigação de dar conta logo immediatamente ao Prefeito de qualquer noticia ou especie que entendão sobre isto, para que tome logo logo a providencia conveniente, ou informe o Ministro Director segundo as circunstancias.

§ XXX.

Todas as pessoas que tiverem necessidade de copear livro impresso ou manuscripto da Bibliotheca, precizamente o farão somente dentro da Bibliotheca, e ás horas costumadas do estudo; e se encarregará a algum dos Empregados o estar presente, e ver copiar ou concordar os Capitulos, Numeros, ou Parrafos que copiarem; zelando que se não vicie addicione ou corrija o Original, ou Exemplar da Bibliotheca cuidando em recolhelo logo que se acabarem as horas de estudo para continuar em as seguintes ate que acabado o reconhecimento ou copia se restitua ao seu lugar.

Fazendo uma retrospectiva ao século XV sobre os dispositivos do regulamento das bibliotecas universitárias; discorrendo sobre os artigos estabelecidos nos Estatutos da Biblioteca Real do Brasil da segunda década do século XIX, e percorrendo as bibliotecas brasileiras – escolares, especializadas, públicas e universitárias – das últimas décadas (séculos XX e XXI), com seus regulamentos e cartazes proibitivos dependurados pelas paredes, chegaremos à seguinte conclusão: em sua grande maioria, as bibliotecas continuam caracterizadas como o espaço do silêncio e o lugar do castigo, e como tão bem definiu Ovídio, citado por Martins (1957, p. 80-82):

[...] templo de mármore branco consagrado ao deus cuja cabeleira está sempre intacta (Apolo)... Aí, todas as criações dos gênios antigos e modernos são postas à disposição dos leitores... O guarda desses lugares sagrados expulsou-me. Dirijo-me para um outro templo, situado perto de um teatro vizinho; também me proibiram a entrada. Desse primeiro asilo das belas-letras, a Liberdade, que aí pontifica, não me permitiu atravessar o vestíbulo [...].

Até 1822, todos os livros editados no Brasil eram submetidos à apreciação do corpo censório ainda mantido pela legislação portuguesa. Essas obras pouco contribuíram para a difusão e a circulação de novas ideias e para a conscientização da situação de dependência e de submissão em que vivia a população do Brasil colônia, além do alto índice de analfabetismo, pois, conforme afirma Milanesi (1988, p. 31), "na época da independência havia mais de 80% de analfabetos, certamente excluídos desse cálculo os índios e os escravos".

O rompimento com Portugal, além de minimizar a prática da censura até então estabelecida no país, propiciou a implantação de novas tipografias e com elas a fundação de jornais, folhetos e livros, facilitando, assim, o acesso da população brasileira à produção literária, praticamente desconhecida, e a outras fontes de informação.

Em 13 de maio de 1811, foi fundada a Biblioteca Pública da Bahia pelo governador Conde dos Arcos, cujo acervo foi constituído por doações de bibliotecas particulares e ampliado com as duplicatas dos livros da Biblioteca Real por iniciativa do seu primeiro responsável, Luís Joaquim dos Santos Marrocos. A partir de 1825, outras bibliotecas foram criadas pelo Brasil afora: a Pública Estadual do Maranhão (1829); a Pública Estadual do Rio de Janeiro (1837); a Biblioteca de Direito de São Paulo (1828); a da Faculdade de Direito de Pernambuco (1830); a Pública Estadual do Espírito Santo (1855); a Pública do Paraná, criada pela Lei Provincial nº 27, de 7 de março de 1857, entre outras.

A Biblioteca Municipal de São Paulo, considerada a segunda maior do Brasil, teve seu acervo constituído através da junção de parte da antiga Biblioteca Pública Municipal, pela Biblioteca Pública do Estado e por acervos de outras bibliotecas. Ela dispõe de valiosas coleções de obras raras, seções especializadas de mapoteca e belas-artes, e como departamentos especializados, a Biblioteca Infantil e a Biblioteca Circulante.

Apesar da proliferação das bibliotecas e da "intensa" produção editorial no Brasil, no início do século XX, o percentual de analfabetos mantinha-se praticamente o mesmo da segunda década do século XIX em todos os estados brasileiros, como informa Milanesi (1988, p. 31-32):

> No começo do século XX, o índice de alfabetizados não chegava a 30%. A República não mudou substancialmente a paisagem. [...]. E, curiosamente, a produção literária era intensa, fazendo supor que uma porcentagem relativamente alta dos leitores era também de criadores. [...]. A imprensa Brasileira do começo do século revela em suas páginas essa proliferação literária. O leitor era um plumitivo e os seus ídolos eram Coelho Neto, Bilac e outros situados numa posição semelhante à que ocupam hoje os heróis da indústria cultural.
>
> Essa reduzida parcela letrada da população perdia-se na vastidão do país, incapaz de estender a todos os benefícios da escola.

Em contrapartida a essa situação de carência e alijamento, de grande parte da população brasileira, do acesso à produção científica e cultural, vale destacar que, na primeira década do século XX, por volta de 1906, começaram a surgir no país, especialmente na cidade de São Paulo, as bibliotecas populares das associações de trabalhadores lideradas por operários imigrantes, que, com o objetivo de alfabetizar e politizar esses trabalhadores, organizavam cursos com a utilização de jornais, folhetos e livros, promoviam e incentivavam a realização de palestras, conferências e a apresentação de peças teatrais com a participação dos próprios operários, cujos textos retratavam os problemas e as questões relacionadas ao trabalho e à vida cotidiana.

Além da utilização efetiva do teatro, os operários se apropriavam também da música, do conto e da poesia como meios de comunicação e de conscientização das classes trabalhadoras. Os operários imigrantes procuravam desenvolver as mais diversas formas de comunicação, inclusive com a criação de centros de estudos sociais e de bibliotecas, conforme relata Maria Nazareth Ferreira (1978, p. 59):

> Com o desenvolvimento desses cursos, organizaram-se inúmeras bibliotecas. Cada associação criava, logo de início, a sua biblioteca onde

predominavam obras de idioma estrangeiro. As principais obras eram logo traduzidas e circulavam entre os operários mais interessados nos problemas sociais. Organizavam-se sessões de leitura e discussão das obras consideradas importantes na conscientização dos associados.

Nesse período, os operários utilizavam frequentemente a imprensa, que era um dos meios de comunicação de que dispunham, para denunciar todo tipo de exploração e irregularidades a que eram submetidas as classes trabalhadoras, dentre elas, a situação do trabalho do menor e da mulher, na sociedade da época. Estamos há mais de um século, portanto, discutindo e denunciando estas e outras irregularidades e explorações.

Vale ressaltar, também, a importância atribuída pela classe operária à instituição escolar e ao profissional da educação no início do século XX, que, através de artigos publicados em periódicos que circulavam nesse período, enfatizava o papel e a responsabilidade da escola e do educador na formação da cidadania. Transcrevo, a seguir, parte de um artigo citado por Nazareth Ferreira (1978, p. 62-64), publicado pela imprensa operária no jornal *Na Barricada*, no dia 1º de julho de 1915, e na revista *A Vida*, em 21 de julho do mesmo ano:

> As escolas, fontes alimentadoras dos caudais de idéias que tão poderosamente influem nos destinos das sociedades humanas, devem, por certo, merecer a mais acurada, a mais carinhosa, a mais desvelada dedicação por parte dos reformadores sociais, dos que sonham um futuro diferente para a humanidade. Porque é nelas, justamente nelas, nos seus bancos, que se preparam as novas gerações que fatalmente serão arrastadas [...], para a liberdade ou para a escravidão, para a paz ou para a guerra...
>
> Apelamos vivamente para essas futuras educadoras (alunas das escolas normais) do povo: sede sempre ciosas da vossa liberdade e da vossa dignidade pessoal, defendendo-as pela força de vossa própria vontade e, sobretudo, sede as libertadoras da consciência do povo nas escolas que amanhã ides tomar a vosso cargo; incuti nas mentes e nos corações infantis a exata noção de liberdade e dignidade, lembrando-vos sempre do vosso gesto de hoje: não vos limiteis somente a arrancar os pequeninos do conhecimento do abc, não; fazei deles, primeiro de tudo, criaturas livres e conscientes. Só assim podereis preencher nobremente a missão que vos vai ser confiada – apesar do Estado e dos demais instrumentos de compressão existentes na sociedade.

Essa "democratização" da leitura no Brasil, nas primeiras décadas do século XX, impulsionada pela proliferação de impressos apresentados sob as mais diversificadas formas e linguagens, além de propiciar o desenvolvimento de práticas leitoras com envolvimento das camadas populares, em especial por iniciativa de trabalhadores imigrantes, e de contribuir para a valorização da escola como espaço de produção e difusão do conhecimento e de formação da cidadania, evidenciou, também, a importância de se constituir bibliotecas para reunir e disponibilizar junto aos mais diversos segmentos sociais, a produção cultural e científica produzida pela coletividade, buscando atender e satisfazer seus interesses e necessidades.

O processo de difusão da imprensa no Brasil do início do século XX, por iniciativa e contribuição de operários imigrantes, ao que tudo indica, teve suas origens e percursos no ocidente a partir dos séculos XII e XIII com *"as revoluções da leitura"*, apresentadas por Roger Chartier (2000, p. 23-24, grifos meus):

> A primeira revolução da leitura no início da Idade Moderna foi assim, de maneira geral, independente da revolução tecnológica na produção de livros. Ela teve raízes em mudanças ocorridas nos séculos XII e XIII, que transformaram a função mesma da palavra escrita, substituindo o *modelo monástico*, que atribuía à escrita uma tarefa de preservação e memória em grande parte dissociada da leitura, pelo *modelo escolástico*, que tornou o livro tanto um objeto como um instrumento de trabalho intelectual. [...].
>
> A segunda revolução da leitura ocorreu durante a era da impressão, mas antes da industrialização da produção do livro. Tal revolução ocorrida na Alemanha, Inglaterra, França e Suíça, durante o século XVIII apoiou-se em diferentes circunstâncias: crescimento na produção do livro, [...], a multiplicação e transformação dos jornais, o triunfo dos livros de pequeno formato e a proliferação de instituições (sociedades de leitura, clubes do livro, bibliotecas de empréstimos), que tornaram possível ler livros e periódicos sem ter que comprá-los.
>
> Essa série de transformações ocorreu sem grandes mudanças na tecnologia de impressão. Elas levaram ao desenvolvimento de novos gêneros textuais e novas práticas de leitura. [...]. Uma relação comunal e respeitosa com a matéria escrita, feita de reverência e obediência, deu lugar a um tipo de leitura mais irreverente e desprendida.

Sendo a escola um espaço privilegiado para o acesso à leitura e ao conhecimento, a biblioteca deverá ocupar um lugar de destaque nesse processo, atuando como centro mediador e difusor das práticas e produções, literárias e científicas, que deverão ser planejadas e desenvolvidas com o envolvimento e a participação de toda a comunidade escolar (alunos, professores, bibliotecários e outros profissionais) e dos demais segmentos sociais.

Ainda no percurso da história das bibliotecas brasileiras, vale enfatizar as observações de Borba de Moraes (1983, p. 20): "Se é certo que, de D. João VI até hoje, as bibliotecas cresceram e se multiplicaram neste país, [...] também é certo que a técnica bibliotecária pouco evoluiu entre nós [...]. No entanto, é precisamente sob esse aspecto que as bibliotecas estão mais atrasadas".

No próximo capítulo, serão abordados e discutidos este e outros aspectos aos quais se encontram submetidas as bibliotecas escolares brasileiras, dentre eles: a formação e o papel dos profissionais que atuam na organização e dinamização desses espaços. Para introduzir essa discussão, com a palavra, mais uma vez, o bibliotecário Rubens Borba de Moraes (1983, p. 43-44):

> O bibliotecário moderno deve ser um misto de técnico e de intelectual. A sua preocupação principal não deve ser datilografar fichas perfeitas, segundo um código de catalogação, mas conhecer o conteúdo dos livros que possui, ser um guia intelectual do leitor. Muitos bibliotecários esquecem que a principal coisa na biblioteca para o leitor é o livro, e não a técnica que se empregou para catalogá-lo e classificá-lo. O bibliotecário moderno, repito, é um intelectual e um técnico. [...]. É por isso que julgo um erro colocar à frente das bibliotecas não só eruditos sem preparo técnico, mas também técnicos sem erudição.

A biblioteca escolar no Brasil hoje

> [...] *o subdesenvolvimento começa nas escolas sem bibliotecas adequadas, um espaço ausente que dá o caráter da vida escolar brasileira, ainda mantida sob a tutela discursiva dos professores, tão impositivos quanto mal remunerados. Enfim, o subdesenvolvimento nacional começa numa escola que, mesmo tendo uma biblioteca, não sabe o que fazer com ela, pois dentro do sistema de ensino que prevalece não há lugar para ela.*
>
> Luís Milanesi

Com essa afirmativa, Luís Milanesi apresenta a situação de abandono e descaso na qual se encontrava o sistema educacional brasileiro nas últimas décadas do século XX, configurado, entre outros fatores, pela inexistência da sua mola propulsora "A Biblioteca Escolar", ausência constatada ainda nos dias de hoje, em muitas escolas da rede pública do país.

As bibliotecas escolares, quando existem, constituem-se geralmente em verdadeiros "depósitos de livros", em mero enfeite da escola, pois se encontram submetidas a um sistema de ensino onde as fontes de informação, na maioria das vezes, são o professor e o livro didático, dificultando e suprimindo assim o trabalho criativo, crítico e consciente, dentro e fora do espaço escolar. Em 1944, Lourenço Filho (p. 3-4) já advertia: "[...]; ensino e biblioteca não se excluem, complementam-se. Uma escola sem biblioteca é um instrumento imperfeito. A biblioteca sem ensino, ou seja, sem a tentativa de estimular, coordenar e organizar a leitura, será, por seu lado, instrumento vago e incerto".

A reforma do Ensino Médio no país, em 1969, fazia referência explícita à biblioteca, através dos documentos originários do Programa de Expansão e Melhoria do Ensino Médio (PREMEM), conforme cita Ana Maria Polke (1973, p. 69):

> As instalações para ciência e para biblioteca, a serem colocadas em cada escola são a base para a modernização do currículo e do ensino, tanto no que toca às humanidades como às ciências, e servirão de fonte de recursos educacionais necessários a um programa bem equilibrado.

Ao divulgar essa informação em seu artigo "A Biblioteca Escolar e o seu Papel na Formação de Hábitos de Leitura", em 1973, Polke (p. 69) fez o seguinte comentário: "Queremos crer que o problema da não-existência da biblioteca escolar já esteja encaminhando para solução gradual. Os primeiros passos já foram encetados pela escola Polivalente".

Doce ilusão! Mais de três décadas se passaram, o sistema de Escolas Polivalentes foi extinto e, junto com ele, suas amplas e bem equipadas bibliotecas, em sua grande maioria, foram divididas em salas de aula e encontram-se hoje no mais profundo silêncio, ante a indiferença e o desinteresse das autoridades competentes e de muitos profissionais da educação, responsáveis pelo atendimento de milhares de crianças e jovens que frequentam as escolas de educação básica do país, filhos das classes populares menos favorecidas, que têm a biblioteca escolar como primeira fonte de informação e de acesso à produção científica e cultural, uma vez que não dispõem de recursos financeiros para suprir tais interesses e necessidades.

Enfatizando a importância da biblioteca e do seu papel no desenvolvimento da sociedade brasileira, Waldeck Silva (1995, p. 21) afirma:

> Estamos convencidos de que no Brasil, no campo das bibliotecas, as atenções têm de se voltar prioritariamente para as bibliotecas escolares e para as bibliotecas públicas, espaços que, se minimamente organizados, podem desempenhar um importante papel na elevação do nível cultural e da consciência crítica da população brasileira.

Na verdade a maioria das escolas brasileiras, sem biblioteca, continuam como *"instrumentos imperfeitos"*. Os altos índices de analfabetismo, as taxas de evasão e repetência e os baixos níveis de desempenho em leitura e escrita apresentados pelas pesquisas de avaliação da educação básica do país, nas últimas décadas refletem o fracasso de um sistema escolar "unívoco", que funciona a partir de um esquema de reprodução de discursos, no qual o professor expõe aquilo que considera pertinente e que acredita ser a expressão da verdade, e ao aluno resta apenas a tarefa de receptor e reprodutor, fiel e passivo, desses discursos.

O quadro apresentado a seguir, divulgado pela revista *Nova Escola* (dez./1987, p. 9), mostra os números oficiais de Escolas de 1º e 2º graus (hoje Ensino Fundamental e Médio) e de bibliotecas escolares em 1985, das redes pública e particular de todos os estados brasileiros (MINISTÉRIO DA EDUCAÇÃO – MEC; INSTITUTO BRASILEIRO DE GEOGRAFIA E ESTATÍSTICA – IBGE, 1985).

Os números oficiais

Os números oficiais

Unidades da Federação	N.º Escolas* 1.º e 2.º Graus	N.º Bibliotecas* Escolares
SUL		
Paraná	12 743	864
Santa Catarina	7 841	670
Rio Grande do Sul	15 016	2 410
SUDESTE		
Minas Gerais	17 599	2 947
Espírito Santo	4 579	169
Rio de Janeiro	7 038	1 336
São Paulo	20 228	2 629
CENTRO-OESTE		
Mato Grosso do Sul	1 812	94
Mato Grosso	2 661	117
Goiás	7 754	656
Distrito Federal	548	116
NORDESTE		
Maranhão	9 034	66
Piauí	7 271	220
Ceará	12 990	441
Rio Grande do Norte	4 703	213
Paraíba	8 201	167
Pernambuco	11 000	361
Alagoas	3 582	133
Sergipe	2 022	23
Bahia	24 432	464
NORTE		
Rondônia	1 837	27
Acre	831	18
Amazonas	3 365	50
Roraima	257	19
Pará	7 861	106
Amapá	247	18
TOTAL	195 452	14 334

* Incluindo as particulares
Fontes: Sinopse Estatística do MEC e Anuário do IBGE (1985)

Fontes: Sinopse Estatística do MEC e Anuário do IBGE (1985)

Os resultados da pesquisa revelam que menos de 8% de escolas possuem biblioteca.

Outra pesquisa divulgada em fevereiro de 1999, pelo jornal *Folha de S. Paulo* (21 fev. 1999. p. 1 – Terceiro Caderno) apresenta o percentual de escolas de ensino fundamental e médio do país, em 1998, com biblioteca. O resultado geral indica que 51%

de escolas pesquisadas possuem biblioteca (INSTITUTO NACIONAL DE ESTUDOS E PESQUISAS EDUCACIONAIS – INEP, 1998).

Bibliotecas escolares no Brasil em 1998

Região/Estado	Alunos com biblioteca	Total de escolas	Escolas com biblioteca (%)
Norte			
Rondônia	240.258	529	66
Acre	72.553	263	41
Amazonas	402.658	889	44
Roraima	63.719	128	67
Pará	555.045	2.773	24
Amapá	107.344	213	63
Tocantins	219.821	715	44
Nordeste			
Maranhão	377.013	3.719	14
Piauí	203.361	1.780	23
Ceará	951.967	3.982	33
Rio Grande do Norte	391.311	1.488	42
Paraíba	330.158	2.010	25
Pernambuco	1.082.790	3.339	38
Alagoas	269.557	1.561	25
Sergipe	187.918	929	28
Bahia	1.214.938	7.352	20
Sudeste			
Minas Gerais	3.679.682	6.818	71
Espírito Santo	499.508	1.219	58
Rio de Janeiro	2.190.042	5.066	67
São Paulo	6.645.500	9.593	73
Sul			
Paraná	1.802.235	4.264	72
Santa Catarina	955.014	2.057	73
Rio Grande do Sul	1.931.615	4.295	89
Centro-Oeste			
Mato Grosso do Sul	291.912	906	45
Mato Grosso	322.012	1.211	42
Goiás	708.967	2.342	44
Distrito Federal	496.770	604	93
Brasil	26.013.668	70.045	51

(*) Escolas de ensino fundamental e médio com cem alunos ou mais. Fonte: Inep

Fonte: INEP

Que lugar é este que as pesquisas caracterizam como biblioteca escolar? Um local ínfimo de difícil acesso, onde são depositados livros e outros recursos bibliográficos, e que, quando há espaço, os alunos vão para copiar verbetes de enciclopédias? Espaço de punição para os indisciplinados, ou mais um "apêndice" na estrutura administrativa da escola?

Nos debates realizados ao longo dos últimos 20 anos entre profissionais (bibliotecários, professores, e outros) de todo o país, em seminários, congressos e outros encontros sobre o desenvolvimento da leitura e a atuação da biblioteca no contexto educacional e social brasileiro, pode-se constatar que a grande maioria das escolas de educação básica não dispõe de espaço adequado para instalação da biblioteca escolar e, quando ela existe, não dispõe dos recursos básicos necessários (profissionais habilitados, acervos atualizados e mobiliários) para que cumpra de fato o seu papel de "organizadora" e difusora da produção cultural e científica, junto às crianças e jovens que frequentam as escolas públicas brasileiras.

Como afirma a professora Magda Soares (2004, p. 21, grifos da autora) "este é um país de raras e precárias bibliotecas: raras e precárias *bibliotecas públicas*, raras e precárias *bibliotecas escolares*".

> Segundo dados do Instituto Brasileiro de Geografia e Estatística – IBGE, dos 5.506 municípios que havia no país em 1999, em quase um quarto (20%) não havia uma só biblioteca pública [...]. Os dados estatísticos, se examinados por regiões, ou por Estados, ou por municípios, mostram que, neste caso, não há discriminação significativa: pode-se dizer que há uma não-distribuição eqüitativa de bibliotecas públicas neste país... O mesmo ocorre, com as bibliotecas escolares, também raras e precárias; faltam dados estatísticos, mas não são necessários para que se possa afirmar que também elas são poucas, pouquíssimas, em relação ao número de escolas e ao tamanho da população escolar, mas são poucas, são precárias sobretudo nas escolas públicas, naquelas que atendem às camadas populares. E não nos deixemos enganar por essas poucas bibliotecas públicas e escolares que temos: sabe-se bem o pequeno e quase sempre desatualizado acervo que a maioria tem, sabe-se bem que funcionam mais como depósitos de livros que como verdadeiras bibliotecas, centros de informação, de formação de leitores, sabe-se bem as enormes dificuldades com que lutam para sobreviver.

O desinteresse por parte dos governantes, pela implantação e manutenção de um Sistema de Bibliotecas Escolares com acervos atualizados e profissionais especializados vem reafirmando a cada dia a falta da tradição bibliotecária e a consequente deficiência da instituição escolar brasileira, impedindo, assim, que milhares de estudantes possam usufruir da primeira, talvez a única, oportunidade concreta de acesso à leitura e aos bens culturais e científicos produzidos pela coletividade.

Em meio a tantas carências conhecidas e reconhecidas, vale destacar e divulgar um fato ocorrido recentemente, histórico e inédito no país, o concurso para bibliotecários realizado em 2006, pela Prefeitura Municipal de Vitória, capital do Espírito Santo, que, das 51 escolas de ensino fundamental que possui, 45 já contam com profissionais efetivos e habilitados (dados de 2009). Que essa iniciativa seja bem sucedida no sentido de ampliar o número de leitores e elevar os índices de desempenho em leitura e escrita da comunidade escolar envolvida, e ainda, que seja difundida e "imitada" por outras instituições públicas e privadas pelo Brasil afora.

O município de Vila Velha/ES, também, está caminhando nesse sentido: realizando concursos, investindo na revitalização das bibliotecas escolares, na formação de mediadores da leitura, inclusive, já se destacando nas últimas avaliações de desenvolvimento da educação básica.

O Ministério da Educação (CADERNOS DO MEC, jun. 2006, p. 29) divulgou o percentual de bibliotecas "apurado" pelo Instituto Nacional de Estudos e Pesquisas Educacionais (INEP), através do Censo Escolar de 2005, realizado junto às escolas de educação básica do país. A seguir tabela com os números e percentuais apresentados por esfera administrativa (MEC; INEP, 2005).

Bibliotecas na educação básica

Bibliotecas na educação básica

Dos 207.234 estabelecimentos de ensino que oferecem educação básica no Brasil, pouco mais de 23% dispõem de biblioteca.

	Total	Federal	Estadual	Municipal	Particular
Total de estabelecimentos	207.234	208	33.718	137.793	35.515
Estabelecimentos com biblioteca	48.479	187	15.123	15.620	17.549
% de estabelecimentos com biblioteca	23,39	89,90	44,85	11,33	49,41

Fonte: MEC/Inep – Censo Escolar 2005

Fonte: MEC/INEP – Censo Escolar 2005

A pesquisa de 1985 apresenta um total de 195.452 escolas das quais 14.334 com biblioteca (8%); em 2005, dos 207.234 estabelecimentos de ensino fundamental e médio, apenas 48.479 (23,39%) possuem biblioteca. Entre os altos e baixos índices apresentados nesses 20 anos, podemos constatar um "insignificante" percentual de crescimento (15,39%) dos espaços de acesso à leitura e ao conhecimento, tão importantes e significativos para a democratização cultural e a melhoria dos padrões de qualidade da educação brasileira.

Magda Soares (2004, p. 20) lembra que: "[...] não é difícil comprovar que, na sociedade brasileira, não há democracia cultural no que se refere à distribuição eqüitativa das condições de possibilidade de leitura e do direito à leitura: os dados e os fatos são numerosos, e bem conhecidos".

Outro fator que contribui para a carência da tradição bibliotecária escolar no país, é apontado por Lucila Martínez (1994, p. 15-16):

> [...] possivelmente por acompanhar o processo de desenvolvimento industrial no Brasil, também os profissionais da educação e da biblioteconomia priorizam a criação e o desenvolvimento de centros de documentação especializados e de unidades de informação científica e tecnológica e industrial. Enquanto isso, em outros países onde a preocupação máxima voltou-se para melhorar os níveis de educação básica dos cidadãos, aparecem mais nítidos os esforços por desenvolver serviços bibliotecários públicos e escolares como pontos de apoio a essa melhoria da qualidade de ensino.

Muitas escolas públicas, ainda hoje, subestimam ou "ignoram" a importância que os recursos bibliográficos e outras fontes de informação disponíveis na biblioteca escolar representam para o processo ensino-aprendizagem. Por esse motivo, estão frequentemente desativando esse espaço, quando existe, para dar lugar a uma sala de aula ou para desenvolver outras atividades consideradas mais relevantes. Procedimentos como estes estão presentes no cotidiano escolar brasileiro, e são responsáveis por inúmeros entraves na conquista pelo espaço de exercício da cidadania, e de "direito" das classes populares menos favorecidas, em especial, da comunidade de leitores oriundos da educação básica.

Waldeck Silva (1995, p. 18-19) ressalta a função pedagógica da Instituição Escolar, como espaço de produção e difusão do conhecimento:

> [...] acreditamos numa escola que possa formar cidadãos críticos, capazes de utilizar criticamente o conhecimento construído na escola para analisar o real e, diante dele, fazerem as suas opções profissionais, culturais e políticas, de forma consciente, livre e autônoma.

As diversificadas fontes de informação e as possibilidades de leitura oferecidas pela biblioteca escolar são condições fundamentais no processo de formação do leitor, e em sua interferência crítica e consciente no contexto educacional e social em que vive.

O descaso pela biblioteca e a sua subutilização evidenciam o desinteresse pela promoção da leitura, que começa na educação de base, onde o professor, a pretexto de cumprir o *"programa curricular"* não utiliza os recursos disponíveis no seu acervo, transformando-se, ele e o livro didático, nas únicas fontes de conhecimento. Enquanto isso, a biblioteca, que nesse contexto é considerada como um "apêndice" da escola, se vê fadada ao fracasso, sem professores, sem alunos, entregue nas mãos de pessoas que, em muitos casos, não têm compromisso e nem o mínimo de formação na área, foram "sorteadas" para tomar conta dela. Seu espaço é utilizado como lugar de punição, de castigo, ou é o espaço onde os alunos vão para copiar verbetes de enciclopédias, e a pesquisa se resume às páginas e trechos que devem reproduzir para satisfazer às exigências do professor. Para ilustrar *"a sala do castigo"*, ainda, tão comum e frequente nas escolas públicas pelo país afora, transcrevo um fato *"horripilante"* relatado por Edson Gabriel Garcia (1988, p. 67), embora já se perceba hoje a preocupação e o interesse de muitos profissionais da biblioteconomia e da educação em transformar a biblioteca escolar num espaço prazeroso, atraente, dinâmico e de livre acesso à leitura e ao conhecimento.

> Lembro-me bem da sala 12. Como poderia deixar de esquecer? Quantas vezes, metido ali no meio daquele mundaréu de livros empoeirados, desandei a espirrar alucinadamente, piorando o castigo já imposto. A sala 12 da minha escola era a sala do castigo, para onde iam os meninos mais danados, os que viviam dando problemas de disciplina na classe. Era uma sala enorme, cheia de vitrôs no alto. Onde os vitrôs terminavam

começavam as estantes. Estantes pesadas e escuras, mas elegantes. Acho que a elegância vinha mesmo dos livros. Livros de todos os tipos, tamanhos, volumes e cores, envoltos numa camada renitente de poeira provocada pelo tempo e desuso. Assim era a sala 12, a sala dos castigos. Na porta de entrada, a única da sala, no alto do batente, uma plaqueta de plástico endurecido indicava o nome e a função da sala: BIBLIOTECA.

"E daí", alerta Ezequiel Theodoro da Silva (1989, p. 27), "se determinados cuidados não forem tomados, os professores, os estudantes, o acervo de livros e os equipamentos da biblioteca continuarão, isoladamente, 'repousando em berço esplêndido' e eternizando o desgosto pela leitura".

Para que a biblioteca tenha o seu lugar de destaque na instituição escolar, faz-se necessário que os responsáveis por sua dinamização (bibliotecários, professores e outros profissionais) desenvolvam estratégias organizacionais, menos rígidas e burocráticas, que possibilitem o exercício de liberdade e autonomia do leitor/pesquisador naquele espaço, e facilitem o seu livre acesso à informação. Esses profissionais não podem esquecer que o seu fazer educativo constitui-se, mais especificamente, no desenvolvimento de ações de mediação e de incentivo à leitura e à pesquisa junto à comunidade escolar.

> Desta maneira nossa marca de educadores se instala; nosso lastro e rastro, nossa responsabilidade social. Nossa *inscrição*. Mediadores e não atravessadores, pois compreendemos que a argumentação com os acervos desta e/ou daquela maneira, é justa medida de nossa leitura do/de mundo, de nossa interpretação. (NÓBREGA, 2002, p. 127, grifo da autora)

Outra questão de fundamental importância que poderá contribuir para o crescimento e avanço da prática bibliotecária nas escolas de educação básica, e que precisa ser revista e reavaliada, é a proposta curricular dos cursos de formação de bibliotecários que deveriam enfatizar, também, a discussão de conteúdos relacionados ao desenvolvimento da leitura, e ao estabelecimento de normas e técnicas de organização de acervos que atendam às reais necessidades de busca e de acesso à informação, pelo público infantojuvenil, na biblioteca escolar e/ou em outros espaços de atendimento e formação desse público leitor.

Hoje, todo e qualquer profissional, em especial o bibliotecário, que atua no contexto educacional e sociocultural precisa estar preparado e sensibilizado para o exercício da leitura, e de sua difusão junto aos mais diversos segmentos da população, com vistas à formação de uma sociedade leitora, mais consciente, mais justa e igualitária. O professor Edmir Perrotti (1987), citado por Hamilton de Souza (1987, p. 8) diz que:

> Não basta o estado estimular a criação de bibliotecas e distribuir livros para as escolas, [...] é preciso formar pessoas que saibam trabalhar com a biblioteca no contexto do ensino e, especialmente, difundir a idéia de "se pensar a biblioteca como espaço de exercício de cidadania, um espaço político mesmo, de descoberta e discussão dos problemas".

Os serviços bibliotecários são atividades praticamente ausentes das escolas brasileiras. A nossa prática cotidiana com escolas públicas de educação básica tem nos mostrado que a grande maioria dos professores não faz, ou não sabe fazer, uso do recurso bibliográfico e, portanto, não abre espaço para ele na escola. E hoje, com a invasão e o avanço dos meios de comunicação de massa, principalmente a televisão e o computador, a desvalorização e o abandono das bibliotecas escolares têm sido cada vez maiores. Elas são abandonadas pelos professores, pelos bibliotecários e também pelos alunos, que, por não serem incentivados nem orientados a fazerem uso delas, estão ficando cada vez mais seduzidos e "massificados" pelos produtos da indústria tecnológica.

Enfatizando a importância da leitura, a despeito do desenvolvimento dos recursos e meios de comunicação da indústria cultural tecnológica, a professora Eliana Yunes (1990, p. 58) afirma:

> Embora os meios de comunicação de massa tenham alcançado grande desenvolvimento, a leitura ainda é o principal acesso para o conhecimento, especialmente no que implica não apenas o desvendar dos signos gráficos mas na percepção crítica e na interpretação da informação [...] a leitura deixou de ser o objetivo final da alfabetização para se tornar o meio permanente de participação social.

Se os recursos audiovisuais já se tornaram uma realidade na maioria das escolas brasileiras, cabe aos professores e bibliotecários, em conjunto com a comunidade, lutarem pela presença concreta e dinâmica da biblioteca no âmbito escolar, para que ela possa caminhar paralelamente e em igualdade de condições com eles (os audiovisuais), ou até, quem sabe, juntos! O desenvolvimento e a integração das múltiplas linguagens na escola poderão contribuir com a *"democracia cultural"*, tão "aclamada" e defendida por Magda Soares (2004, p. 17-32), junto às camadas populares menos favorecidas da sociedade que não dispõem de recursos para adquirir e suprir tais necessidades.

Em contrapartida aos inúmeros casos de carência e de abandono das bibliotecas escolares, destaco a seguir algumas iniciativas em prol da promoção da leitura e da valorização da biblioteca, especialmente aquelas voltadas para o atendimento de crianças e adolescentes, desenvolvidas nas mais diversas cidades e recantos brasileiros, no decorrer do século XX.

Em sua pesquisa Repensando os Serviços Bibliotecários para Crianças e Adolescentes no Brasil Ivete Zietlow Duro (1991, p. 296) faz um relato das primeiras iniciativas desses serviços em alguns estados brasileiros:

> Em 17 de maio de 1934 o jornal *A Noite* publicou em sua primeira página uma reportagem sobre os trabalhos de organização da Biblioteca Infantil do Distrito Federal vinculada à Directoria de Instrucção Publica do Rio de Janeiro.
>
> Essa biblioteca estava sendo instalada no Pavilhão Mourisco em Botafogo sob a direção de Cecília Meireles. A reportagem informa que o acervo da biblioteca, além de livros didáticos e literários em prosa e verso, contaria com gravuras, recortes, selos, moedas, discos e diapositivos. [...].
>
> Embora naquela ocasião Cecília Meireles pretendesse inaugurar a biblioteca dentro de um mês, isso só ocorreu em 15 de agosto de 1934.

Ainda na década de 1930, foi inaugurada a Biblioteca Infantil Monteiro Lobato na cidade de São Paulo, no dia 14 de abril de 1936. A respeito dela, Ivete Duro (1991, p. 298-299) faz os seguintes comentários:

A Divisão de Bibliotecas Infantis do Município de São Paulo conta atualmente com 32 bibliotecas, encabeçadas pela Biblioteca Infantojuvenil Monteiro Lobato.

Cabe enfatizar que essas bibliotecas não constituem uma seção ou departamento de outra biblioteca, são instituições com suas próprias diretorias, localizadas em prédios construídos exclusivamente para oferecer serviços a crianças e adolescentes. [...].

Esse sistema de bibliotecas deve-se à tenacidade e visão do futuro da bibliotecária Lenyra Camargo Fraccaroli.

Em 1933 Lenyra Fraccaroli foi designada para substituir professores no Instituto Caetano de Campos onde criou uma biblioteca escolar com a participação do professor Antonio D'Avila. Nessa sala foram realizadas atividades como a Hora do Conto, empréstimo domiciliar, projeção de filmes e uma publicação com poesias e artigos dos alunos.

Esse trabalho pioneiro e dinâmico levou a que fosse convidada a idealizar uma biblioteca infantil vinculada à Prefeitura de São Paulo.

Outra Biblioteca Infantil citada por Ivete (1991, p. 299) é a Monteiro Lobato de Salvador/BA. Segundo ela, *"A história dos serviços bibliotecários infanto-juvenis da Bahia é a história da Biblioteca Infantil Monteiro Lobato de Salvador – BIML – é em síntese, a vida profissional de Denise Fernandes Tavares"*. Baseada nos depoimentos da bibliotecária Cleonice Diva Guimarães, que exerceu atividade nessa Biblioteca por mais de 30 anos, Ivete (1991, p. 300) relata:

Em 1949 a Secretaria de Educação e Cultura da Bahia patrocinou um curso intensivo a cargo da Escola de Biblioteconomia que objetivava dar noções de Biblioteconomia a professores da capital e do interior. Denise participou do curso com mais 24 professores que tomaram conhecimento com a potencialidade da biblioteca.

Esse curso e a constatação de que cada vez mais crescia o número de crianças participantes das atividades oferecidas levaram Denise Tavares a solicitar o apoio de um programa radiofônico para empreender uma campanha de doações de livros, para a "casa dos livros".

Com o crescente aumento de clientela Denise conseguiu um abaixo-assinado para que fosse oficializada essa biblioteca. De posse desse documento,

> foi procurar o Dr. Anísio Teixeira, então Secretário de Educação da Bahia, que lhe deu todo o apoio para que em 18 de abril de 1950 fosse oficializada a Biblioteca Infantil Monteiro Lobato. [...].
>
> Na década de 50 a Biblioteca Infantil Monteiro Lobato oferecia aos leitores atividades que incentivavam o seu desenvolvimento artístico como modelagem, escultura, pintura, audições de discos, com o objetivo de estimular a leitura.
>
> Além dessas atividades, desde o início eram realizadas a Hora do Conto, sessões cívicas e comemorativas, atividades dramáticas, excursões, concursos, exposições, era publicado um jornal no qual colaboravam as crianças e existia um clube de leitura.
>
> Em todas as manifestações de Denise observa-se uma constante preocupação em propiciar atividades que atraíssem leitores à biblioteca.

No decorrer da década de 1980, foram instituídos e desenvolvidos no país o Projeto Ciranda de Livros e o Programa Nacional Salas de Leitura.

Através de convênio firmado entre a Fundação Nacional do Livro Infantil e Juvenil (FNLIJ), a Fundação Roberto Marinho e a Fundação Hoeschet do Brasil, o Projeto Ciranda de Livros, que segundo Yunes (1995, p. 129) "chegou a distribuir trinta mil coleções e sessenta títulos de literatura infantil entre 80 e 84", contemplou milhares de escolas públicas localizadas na zona rural de todas as regiões brasileiras, com acervos literários constituídos com o que havia de melhor na produção editorial para o público infantojuvenil.

Em 1985, a Fundação de Assistência ao Estudante (FAE), órgão hoje extinto que era vinculado ao Ministério da Educação, em parceria com as Secretarias Estaduais de Educação, iniciou a implantação do Programa Salas de Leitura nas escolas de ensino fundamental da rede pública do país.

Como bibliotecária da Secretaria Estadual de Educação do Espírito Santo, tive a oportunidade de participar e acompanhar todo o processo de implantação e desenvolvimento das ações do

Projeto e Programa citados, da distribuição de acervos à formação de recursos humanos (professores, bibliotecários e outros), que seriam responsáveis pelo planejamento de atividades de dinamização desses acervos junto aos alunos das unidades escolares envolvidas.

Ainda enfatizando sobre a prática e a promoção da Leitura no Estado do Espírito Santo, quero destacar o Projeto Ler é um Prazer, que vem sendo desenvolvido com muito êxito nas escolas públicas do município de Cachoeiro de Itapemirim, desde 1984. De acordo com as professoras Hildenez Oliveira e Sueli Daniel (1993, p. 25):

> A Secretaria Municipal de Cachoeiro de Itapemirim, gerenciada pela então Secretária Sônia Luzia Coelho no ano de 1984, consciente da situação da leitura no contexto escolar, elaborou junto a sua equipe o projeto "LER É UM PRAZER", [...] contribuindo com uma parcela significativa, para que as escolas municipais verdadeiramente se constituíssem em um espaço rico, dinâmico e estimulador do gosto e do prazer da leitura de livros de literatura infanto-juvenil.

Com relação aos mecanismos de acompanhamento, às considerações avaliativas e abrangência do Projeto, elas destacam:

> Através da análise do desenvolvimento do projeto e pelos mecanismos de controle e avaliação, ficou evidenciado que o projeto alcançou seus objetivos, pois os alunos demonstraram nas composições: criatividade, argumentação, organização de idéias e enriquecimento do vocabulário. Com relação aos professores evidenciou-se: entusiasmo ao trabalho com os livros de literatura infanto-juvenil e valorização do aspecto crítico nos questionamentos e composições dos alunos. A utilização dos livros também foi ampliada para reuniões, sessões coletivas (OE) e dramatização ganhando outros espaços além da sala de aula.
>
> A partir do ano de 1989, o Projeto "Ler é um Prazer", tornou-se atividade curricular, sob a denominação de Atividade "Ler é um Prazer", [...]. (1993, p. 30)

Em artigo publicado em 1994 pela revista *Você* da Secretaria de Produção e Difusão Cultural da Universidade Federal do Espírito Santo, a professora Sônia Coelho Machado (1994, p. 20), implementadora do "Ler é um Prazer", tece os seguintes comentários:

> Nesses dez anos de existência, com seus altos e baixos como qualquer projeto, algumas metas têm sido alcançadas: muitos professores deixaram

de aplicar prova de livro, aboliram as fichas de leitura, trabalhos para nota e leitura obrigatória para fins de nota; é consenso, nas escolas, que leitura não é castigo, nem biblioteca é sossega-menino; alguns professores e técnicos fizeram as pazes com a leitura e outros passaram a amá-la; o acervo de obras adquiridas é expressivo, considerando o tempo e os custos; o livro já não é desagradável aos alunos.

O Ler é um Prazer possui duas atividades básicas de leitura: a *leitura individualizada*, em que a criança lê um livro que descobriu por si mesma, pelo qual se encantou, e a *leitura partilhada*, quando a turma é incentivada para ler o mesmo livro. Nesta atividade, a presença do mediador (professor, outro profissional ou outra pessoa qualquer) é importante para que o sentir, pensar, agir aconteçam sem amarras ou condições. Aqui, o mediador usufrui com os alunos a leitura do mundo, a partir das emoções e idéias despertadas pela palavra mágica da literatura. A construção do saber é um processo interno, mas não excludente da interação com o outro e/ou com o meio, e a literatura é saber/sabor a ser alcançado só ou com. A leitura partilhada permite leituras de mundo mais abrangentes e um mais rápido desenvolvimento do senso crítico, podendo contribuir para formação da cidadania, na medida em que, na partilha das idéias e emoções, o aluno tem voz e ouvidos para o mundo. (MACHADO, 1994, p. 20, grifos da autora)

Com mais de 20 anos de existência, o Projeto Ler é um Prazer esteve, mais uma vez, sob a coordenação da professora Sônia Coelho de 2005 a 2008, período em que assumiu a Secretaria Municipal de Educação de Cachoeiro de Itapemirim, dando continuidade às ações de incentivo à leitura junto às escolas da rede pública do município.

No último capítulo, o leitor poderá conhecer outras iniciativas de promoção da leitura e de valorização da biblioteca, já desenvolvidas ou em fase de desenvolvimento em algumas cidades brasileiras nas últimas décadas, relatadas por seus elaboradores e executores.

Quero destacar, também, uma importante política pública de incentivo à leitura iniciada na última década do século XX, o Programa Nacional de Incentivo à Leitura (PROLER), instituído pelo Decreto nº 519 de 13 de maio de 1992, publicado no D.O.U. em 14 de maio de 1992, vinculado à Fundação Biblioteca Nacional e ao Ministério da Cultura, e sediado na Casa da Leitura na Cidade do Rio de Janeiro. Esse Programa teve início ainda em 1992, pelo Brasil afora, sob a coordenação do professor Francisco Gregório

Filho, no período de 1992 a 1996, e a orientação metodológica e os pressupostos teóricos e práticos da então assessora especial da Fundação Biblioteca Nacional, professora Eliana Yunes.

Com o propósito de formar uma sociedade leitora, através do desenvolvimento de duas grandes ações – a revitalização de bibliotecas públicas, escolares e comunitárias, e a formação de recursos humanos –, o PROLER articulou instituições e profissionais das mais diversas áreas comprometidos com a promoção da leitura em: escolas, bibliotecas, praças, hospitais, orfanatos, presídios, fábricas, centros comunitários, enfim, em todos os espaços públicos e privados interessados e envolvidos em práticas de incentivo à leitura e de formação da cidadania. E numa ação conjunta, entre essas entidades e profissionais de todas as regiões do país, viabilizou a realização de seminários, intercâmbio de experiências e muitas outras atividades de sensibilização e de discussão sobre a formação do leitor, abrangendo e permeando as mais diversas linguagens – da oralidade à imagem, da cultura popular aos meios de comunicação de massa.

O escritor Affonso Romano de Sant'Anna (1994, p. 7), que presidiu a Fundação Biblioteca Nacional de 1990 a 1996, declarou em 1994: "O PROLER sediado na Casa da Leitura, em Laranjeiras, está operando uma verdadeira revolução cultural no país. Ele é a ponta de lança da Fundação Biblioteca Nacional para aumentar o número de leitores no país". E sobre a Casa da Leitura, Herkenhoff (1996, p. 260) informa: "[...] foi inaugurada em 1993 como fórum permanente para a discussão e desenvolvimento de uma política nacional de leitura".

Como adepta, admiradora e militante do PROLER desde 1992, ratifico a importância das ações desenvolvidas no país pela Coordenação Nacional com o apoio e envolvimento dos Comitês Regionais, constituídos em todos os estados com o objetivo de promover a articulação e divulgação do Programa junto aos municípios, e o desdobramento de suas ações por intermédio de instituições públicas e particulares responsáveis pelo atendimento a crianças, jovens e adultos, que se manifestavam sensíveis e interessadas pela causa da leitura e da formação da cidadania. Sant'Anna (1999), citado por Yunes (2002, p. 41-42), apresenta os dados sobre a mobilização e abrangência do Programa no país:

O trabalho estendeu-se a noventa núcleos e quase seiscentos municípios, chegando a envolver trinta mil pessoas como agentes de leitura, não apenas nas escolas e bibliotecas, mas em universidades, hospitais, consultórios e postos de saúde, museus e regimentos, meios de transporte, cineclubes e condomínios.

Esse Programa promoveu um verdadeiro intercâmbio cultural de norte a sul do país, com mais intensidade na última década do século XX, articulando e desenvolvendo seminários com espaços teóricos e práticos: palestras, oficinas, círculos de leitura, encontros com escritores, contadores de histórias, apresentações em praças públicas, e muitas outras atividades de incentivo à leitura, mobilizando e envolvendo os mais expressivos e renomados profissionais, professores, escritores, ilustradores, artistas populares, bibliotecários, contadores de história, entre outros, em sua grande maioria, pesquisadores e estudiosos dos campos da leitura e da literatura, convictos e conscientes da importância e necessidade de se fazer do Brasil uma sociedade leitora.

Além disso, a partir de uma política nacional, o Programa buscou valorizar e fortalecer as práticas leitoras desenvolvidas em todos os espaços públicos e privados nos estados e municípios parceiros, que cresceram, apareceram e se multiplicaram pelo país. Criou raízes, deixou saudades e marcou uma época na história da leitura no Brasil. "Sem receitas, sem doutrina, o programa propunha a leitura como forma de alcançar uma autonomia no pensar e solidariedade no agir" (YUNES, 2002, p. 13-51).

Em muitos casos a falta de apoio e/ou a descontinuidade das políticas públicas de acesso e incentivo à leitura têm comprometido de forma bastante significativa o processo de desenvolvimento educacional, cultural e social do país. Se o PROLER estivesse a todo vapor, como antes, e as bibliotecas escolares e públicas bem estruturadas e equipadas, e com as portas abertas, quem sabe estaríamos presenciando e comemorando menores índices de violência, e maiores de desempenho em leitura e escrita nas escolas brasileiras.

Vale destacar, ainda, o Programa Nacional Biblioteca da Escola (PNBE), instituído pelo Ministério da Educação, que, desde 1998, vem distribuindo livros de literatura e outros materiais bibliográficos, por intermédio do Fundo Nacional de Desenvolvimento da

Educação (FNDE), para a rede pública de ensino do país, ampliando a cada ano o número de acervos e de alunos contemplados. Uma iniciativa de fundamental importância para a vida de milhares de crianças e jovens que frequentam as escolas de educação básica. Além disso, nos últimos anos, muitos estados e municípios vêm investido, também, na aquisição e distribuição desses recursos para ampliação e atualização dos acervos das bibliotecas escolares.

A questão crucial e urgente, uma vez que os livros estão chegando às instituições escolares, é investir na formação continuada e permanente de mediadores da leitura e na revitalização das bibliotecas, a partir de um esforço conjunto entre estados, municípios e o governo federal, para que a comunidade escolar tenha acesso a essa produção editorial e possa usufruí-la e explorá-la, de forma prazerosa e significativa, sob a orientação e acompanhamento de profissionais especializados, comprometidos e envolvidos no processo de formação do leitor, contribuindo, assim, com o crescimento intelectual, a ampliação do universo cultural e, consequentemente, para a melhoria dos níveis de desenvolvimento educacional dos alunos e dos demais segmentos sociais, dentro e fora do contexto escolar.

No próximo capítulo, serão apresentados e discutidos alguns caminhos e possibilidades para o desenvolvimento da biblioteca escolar e a dinamização do seu espaço, como difusora e mediadora da leitura e do conhecimento, tal como a definida a seguir, por Nanci Nóbrega (1995, p. 14, grifo da autora):

> Mas já tendo percebido não se tratar só de um lugar, que Biblioteca é, isto sim, a ação que acontece *por causa* deste espaço, ela, "móvel", derrubará paredes e acontecerá onde for possível contar e ouvir uma história, ver um filme, assistir a uma peça teatral, perguntar sobre uma planta, descobrir um segredo, ouvir um canto, sussurrar sobre um sonho... Um espaço cativante, convidativo, atraente.

Tal qual um imã, esta Biblioteca. Nela o ficar é prazer e, não, imposição.

Biblioteca escolar: centro difusor do fazer educativo

> *A Biblioteca Escolar é um espaço democrático, conquistado e construído através do "fazer" coletivo (alunos, professores e demais grupos sociais) – sua função básica é a transmissão da herança cultural às novas gerações de modo que elas tenham condições de reapropriar-se do passado, enfrentar os desafios do presente e projetar-se no futuro.*
>
> EZEQUIEL THEODORO DA SILVA

Assim definida, a biblioteca escolar deixa de ser considerada um apêndice, e passa a assumir o seu verdadeiro lugar na escola, como centro dinamizador da leitura e difusor do conhecimento produzido pela coletividade, constituindo-se, dessa forma, na primeira oportunidade concreta de acesso ao patrimônio científico e cultural, para a maioria das crianças brasileiras ao ingressarem na escola pública de ensino fundamental.

Para que atenda satisfatoriamente às exigências da sociedade moderna, a biblioteca escolar precisa contar com uma boa infraestrutura bibliográfica e audiovisual, espaços adequados e profissionais qualificados, e oferecer propostas inovadoras para o desenvolvimento da leitura e da pesquisa, capazes de atuar como instrumentos transformadores do cotidiano da sala de aula – onde o professor, na maioria das vezes, é o único canal de informação –, ampliando o campo de debates, de conflitos e de informações. Na Biblioteca Escolar, professores, alunos e bibliotecário poderão juntos buscar o conhecimento e discutir passo a passo os obstáculos para se chegar a ele. Como destaca Vera Tietzmann Silva (2001, p. 9-10),

> Mas a biblioteca – se efetivamente funcionar e for posta à disposição dos alunos – vai mais longe que os limites de uma sala didática, ultrapassa em muito a experiência do professor, por melhor que ele seja. Isso porque ela congrega a pluralidade do conhecimento, abriga o contraditório, vai além da rigidez do currículo escolar. E também porque permite a livre escolha do usuário. Assim a biblioteca é um espaço de liberdade, onde o leitor

vai buscar outras vozes que lhe falem de perto. Vozes que lhe contam o passado. Que lhe explicam o presente. Que fazem projeções de futuro. Vozes que falam com objetividade nos livros informativos e científicos, mas, sobretudo, vozes que falam obliquamente através da literatura.

A dinamização da leitura e da pesquisa no espaço da biblioteca escolar ganha outra dimensão quando há um planejamento coletivo e efetivo, entre os seus responsáveis (bibliotecários, auxiliares de biblioteca, etc.) e os professores de todas as áreas e séries, com o objetivo de definir os serviços e as atividades de prática e de produção da leitura que serão oferecidos e desenvolvidos ali. Para garantir o bom desempenho das atividades, esses profissionais deverão exercer junto aos professores um trabalho de sensibilização e conscientização, quanto à função e à valorização daquele espaço e sobre a importância de utilização e exploração dos recursos bibliográficos disponíveis no acervo da biblioteca.

Procedendo assim o bibliotecário e sua equipe de trabalho estarão conquistando um lugar no momento do planejamento escolar, e assegurando, também, a partir dessa ação conjunta com os professores, os espaços de tempo necessários para as visitas individuais e coletivas dos alunos à biblioteca.

Os profissionais envolvidos no processo de criação da biblioteca escolar (administradores, professores, bibliotecários, e outros) não podem esquecer que o elemento mais importante dessa conquista é o aluno, que é um leitor em formação. É pensando nos interesses e aspirações dele que os livros e os demais recursos que constituirão o seu acervo serão selecionados, adquiridos e organizados, embora esta não seja a realidade da maioria das instituições escolares brasileiras, uma vez que a indisponibilidade de recursos humanos e a carência de recursos financeiros inviabilizam a participação dessas escolas na indicação e aquisição de acervos, levando-as a optarem por doações e pelas campanhas e festas promovidas pelos professores, bibliotecários e alunos.

Além disso, ao assumir coletivamente essa tarefa, a escola deverá buscar também a parceria da comunidade na qual se encontra inserida, contribuição esta de grande relevância para o trabalho do bibliotecário e do professor, no que se refere à criação das condições necessárias ao desenvolvimento da função social da Biblioteca, dentro e fora do contexto escolar. A esse respeito, Lucila Martínez (1994, p. 24-25) faz a seguinte observação:

> Uma das constatações mais difíceis de aceitar, e que está sempre presente nos diferentes encontros de reflexão sobre o papel social da biblioteca, é que muitos bibliotecários e professores ainda não vêem o leitor como protagonista e fim fundamental do seu trabalho. Este é o motivo básico da dificuldade em fazer de cada membro da comunidade um aliado da biblioteca.

Para que a escola possa contar com a participação e o envolvimento da comunidade, especialmente dos familiares dos alunos, nas ações de dinamização e de valorização da biblioteca escolar, faz-se necessário que professores e bibliotecários desenvolvam um trabalho de sensibilização e de conquista dessa comunidade, trazendo-a para conhecer o espaço, apresentando-lhe os recursos disponíveis e as atividades de promoção da leitura e da pesquisa desenvolvidas ali. Deverão exercer, também, um trabalho de conscientização sobre a importância desse "espaço" e desses recursos para a vida social e cultural dos alunos, professores e dos demais segmentos sociais.

A partir desse momento, escola e comunidade estarão lendo e escrevendo *"a"* e *"na"* Biblioteca Escolar (NEVES, 2004), sua organização espacial, seus recursos informacionais, usufruindo dos serviços oferecidos por ela e participando das discussões sobre a seleção de acervos, a organização e a criação dos espaços e dos "cantos" para a realização de estudos e desenvolvimento das atividades de promoção da leitura e da pesquisa, propostas. Conforme enfatiza Iara Neves (2004, p. 223):

> [...], a biblioteca escolar tem por finalidade estar a serviço da educação formal e informal, através da difusão do conhecimento e da promoção da leitura. Constitui-se também em memória coletiva do grupo a ela diretamente relacionado bem como da comunidade local e da sociedade em geral.

Nesse contexto, escola, biblioteca e comunidade estarão discutindo e redefinindo juntas os caminhos possíveis para a reconstrução da escola pública, e da sua reinserção na vida social brasileira, pois, como destaca Paulo Freire (1984, p. 47): "Fazer a história é estar presente nela e não simplesmente nela estar representado".

O envolvimento dos alunos no processo de conquista da biblioteca e na sua dinamização é condição *sine qua non* para que ela exerça um papel de destaque dentro da instituição escolar. Mesmo sabendo que a biblioteca é de todos e para todos, precisamos ter sempre em mente que o seu alvo principal são os alunos, e é em função deles que a escola existe, e que o espaço da biblioteca, quando bem administrado e incentivado, poderá converter-se no centro difusor da leitura e do conhecimento, num lugar prazeroso, atraente, na *"alma"* da escola, mesmo para aqueles que já tenham concluído seu ciclo de estudos naquela instituição escolar. Raquel Villardi (1997, p. 10) adverte:

> [...], assim que abandona os bancos escolares (seja em que nível for, muitas vezes até após o término de um curso superior), não é raro encontrarmos pessoas que jamais se interessam em ler sequer o jornal, contentando-se com a notícia pronta e mastigada, veiculada pela mídia eletrônica, pessoas que passam anos a fio sem tocar em um só livro, a não ser por rigorosa exigência profissional.

Os objetivos em torno da proposta curricular e das atividades de leitura a serem desenvolvidas pela escola e pela biblioteca, quando discutidos e definidos em parceria com professores e bibliotecários, envolvendo a participação dos alunos, poderão contribuir para a abertura de novos caminhos, na busca pelos recursos informativos disponíveis na biblioteca, e no possível rompimento com a reprodução do discurso dogmático praticado na sala de aula. O que permitirá ao aluno tornar-se sujeito da sua própria aprendizagem, conduzindo-o ao exercício pleno da cidadania, através da reconstrução das relações pragmáticas vivenciadas e confrontadas no cotidiano escolar, e sobretudo no espaço familiar e na sociedade em que convive. (MILANESI, 1988; SILVA, W., 1995)

Alfredina Nery (1989, p. 56-57) ressalta a importância da participação dos alunos nas decisões e no planejamento das atividades da biblioteca: "O importante é que os próprios freqüentadores da biblioteca sejam ouvidos para se encontrar a forma que melhor responda às solicitações e necessidades".

Para que os frequentadores da biblioteca escolar tenham direito à voz e à vez nas decisões e no planejamento da mesma, é preciso que o bibliotecário promova atividades que propiciem momentos e espaços de envolvimento, de crescimento e de conquista desses direitos, e dessa participação. Enfim, um espaço democrático mesmo, de promoção da leitura, de discussão e de difusão e socialização de experiências.

E com relação ao planejamento conjunto entre a biblioteca e os demais segmentos da escola, Alfredina Nery (1989, p. 56-57) destaca:

> A biblioteca faz seu planejamento junto com o planejamento da escola, para que ela possa contribuir com o trabalho de leitura que se quer sistematizado. [...] sistematizado porque estende professores e alunos como sujeitos da educação. Sistematizado porque objetiva um trabalho de leitura com todas as disciplinas e áreas de estudo e não apenas com o professor de Português. Sistematizado porque é o espaço de encontros e desencontros, pois vivencia a relação dialética entre a vida de cada um e o conhecimento registrado, que pode ser também alvo de crítica e de reconstrução, para se ter menos medo da contradição, do confronto, da diversidade.

A adequação e a organização dos acervos e dos espaços destinados à realização de práticas da leitura e da pesquisa na biblioteca escolar são atividades que também devem contar com a participação dos alunos, pois, além de se transformar em obra de todos, esta poderá atender satisfatoriamente aos interesses, necessidades e aspirações de toda a comunidade de leitores.

Há que se pensar também na criação de um ambiente agradável e dinâmico, onde o leitor se sinta artífice da sua própria aprendizagem, seduzido e livre para usufruir das fontes e dos mundos ali inscritos. Como afirma Milanesi (1988, p. 107): "A biblioteca só atinge plenamente a sua função quando, além de propiciar a leitura, garante a seu público o ato de dizer e escrever".

Além disso, a organização dos catálogos e a disposição dos livros devem ser estabelecidas com a maior objetividade e simplicidade possíveis, evitando, assim, que os leitores, ao receberem as devidas orientações sobre o uso desses catálogos e sobre os serviços prestados pela Biblioteca, não esbarrem num tecnicismo burocratizante e tenham acesso a todos os recursos ali disponíveis e às informações desejadas.

Indo um pouco mais adiante nessa questão, Ezequiel Silva (1989, p. 28-29) destaca: "Quando burocratizada por normas e/ou sistemas esotéricos (de atendimento, de horários, de catalogação, de empréstimo etc...), a biblioteca escolar estará certamente fadada ao fracasso". E ainda:

> Lançando mão de esquemas organizacionais "adequados", isto é fundamentados no bom senso e na percepção crítica da clientela, o responsável pela biblioteca não deve transformar a utilização dos serviços em uma camisa-de-força para os leitores. Nestes termos, é a biblioteca que deve se adequar aos leitores e não, como geralmente acontece, os leitores se encaixam num quadro imenso de normas, a fim de, penosamente, fruir um livro.

Por outro lado, o bibliotecário só estará exercendo efetivamente o seu papel de coeducador, quando decidir abrir mão do tecnicismo excessivo que ainda predomina na maioria das bibliotecas brasileiras, escolares ou não, e assumir conjuntamente com os professores, alunos e a comunidade em geral, a (re)construção e a transformação da biblioteca escolar num espaço de acesso crítico às informações, e de dinamização e promoção da leitura dentro e fora do contexto escolar. O bibliotecário precisa estar consciente de que a dimensão do seu fazer educativo depende do espaço que ele ocupa dentro da biblioteca, e do espaço que esta, por sua vez, ocupa dentro da escola.

Outro aspecto fundamental de valorização do profissional bibliotecário no processo de ensino-aprendizagem, além de sua participação efetiva junto aos professores no momento do planejamento, é durante o desenvolvimento das atividades de leitura na biblioteca, ou em outros espaços disponíveis na instituição escolar.

Em uma pesquisa divulgada pela professora Graça Paulino (2004) realizada a partir de um projeto integrado intitulado *"Letramento Literário no Contexto da Biblioteca Escolar"*, pelo Grupo de Pesquisa do Letramento Literário do Centro de Alfabetização, Leitura e Escrita (CEALE) da Universidade Federal de Minas Gerais (UFMG), a desvalorização e o desrespeito aos profissionais que atuam na biblioteca escolar são aspectos apontados pelo subprojeto Condições de Mediação em Bibliotecas e Salas de Leitura, desenvolvido por Aracy Alves Martins (2004, p. 58-59), sobre os auxiliares de biblioteca da rede municipal de ensino de Belo Horizonte:

> Embora muitos deles tenham formação superior, não são chamados a participar ativamente dos projetos pedagógicos interdisciplinares. Tratados como subalternos pelos professores, esses profissionais muitas vezes se sentem desrespeitados, não só dentro da escola onde trabalham, como também pelas autoridades educacionais que pouca atenção têm dado à sua formação continuada. Se alguns tomam, mesmo assim, iniciativas para dinamização do acervo e promoção da leitura literária, outros se limitam, defensivamente, a cumprir a função burocrática que deles o sistema assinala esperar.

Essa constatação está presente no cotidiano dos profissionais que atuam no desenvolvimento da prática bibliotecária na maioria das escolas públicas brasileiras. Muitos deles, mesmo não tendo formação na área, valorizam o trabalho com a leitura, são dedicados e realizam suas atividades com interesse e competência, e quando têm oportunidade ingressam no curso de graduação em biblioteconomia, para continuar atuando no espaço da biblioteca escolar.

Para ilustrar os aspectos e as possibilidades até aqui abordados e propostos, com relação ao posicionamento e atuação da escola e dos profissionais frente às ações de revitalização da biblioteca escolar, quero registrar os depoimentos de Cleonice Maulaz, hoje bibliotecária formada pela Universidade Federal do Espírito Santo, que, entre 1995 e 2004, trabalhou numa escola da Rede Pública Estadual localizada no município de Vila Velha/ES, na qual exerceu a função de *"bibliotecária"*. Em 1996, após participar de um curso de organização e dinamização de biblioteca escolar, promovido pela Secretaria Estadual de Educação, foi convidada para falar sobre a sua trajetória naquela instituição escolar, e me fez as seguintes confissões:

> Eu trabalhava em outro setor da escola. A Biblioteca vivia fechada porque todas as pessoas que por lá passavam não ficavam. Eu não agüentava mais

ver aquela situação. Os livros todos empoeirados e amontoados no chão. Um verdadeiro "depósito". Os alunos queriam entrar e não podiam.

De vez em quando eu entrava lá escondidinha, limpava a sala, tirava a poeira dos livros e organizava e colocava plantas. Ficava um espaço tão gostoso! Eu sempre gostei de freqüentar Bibliotecas, freqüentava a da escola onde estudei quando criança, e atualmente estou freqüentando a Biblioteca Pública de Vila Velha. Eu adoro ler. Leio todos os dias. Eu aprendi a gostar da Cecília Meireles com a minha professora da 2ª série do 1º grau [hoje ensino fundamental]. Ela levava muitos livros para a sala, e a gente lia as poesias em voz alta. Quando eu voltava para casa continuava declamando e adorava ficar quieta num canto lendo. Eu leio de tudo porque gosto mesmo é de aprender coisas novas.

Quando a diretora da escola onde trabalho descobriu o meu interesse pela biblioteca, perguntou se eu queria continuar lá organizando e atendendo aos alunos e professores. Eu fiquei surpresa e muito feliz, quase não acreditei. Já havia separado os livros por assunto e não sabendo como continuar, fui à Biblioteca Municipal pedir orientação sobre a organização e o atendimento ao público. A bibliotecária me ensinou como fazer o empréstimo e me forneceu algumas fichas para modelo, e complementou dizendo que como eu não era bibliotecária formada, ela não poderia me ensinar além daquilo. Voltei pra escola e organizei todos os livros nas estantes e os preparei para empréstimo. Os alunos já gostavam de freqüentar a biblioteca. A professora de Português ia com eles freqüentemente para orientá-los nas pesquisas e no uso do acervo.

O acervo da Biblioteca é razoável. É constituído por livros didáticos e livros de literatura infanto-juvenil. Os alunos adoram o acervo de literatura, principalmente as turmas de 5ª série, que são muito incentivadas pela professora. Ela é uma professora leitora. Eu gosto tanto do meu trabalho que se pudesse atenderia em todos os turnos. Mas estudo à tarde, estou terminando o 2º grau [hoje ensino médio]. Eu e meus dois filhos adolescentes estudamos nesta escola.

Quando surgiu a oportunidade de fazer o curso na Biblioteca da SEDU, eu não pensei duas vezes. Fiz e agora estou me sentindo mais segura para defender as questões da biblioteca junto aos professores. Antes quando alguém falava alto comigo ou me chamava a atenção, eu abaixava a cabeça e me sentia uma pessoa "menor", depois que fiz o curso descobri que sou uma pessoa capaz de trabalhar na biblioteca de "forma correta", como espaço de promoção da leitura e de difusão do conhecimento. Nunca mais aceitei nenhum professor falar alto comigo, nem desrespeitar o meu trabalho na biblioteca.

Quando perguntada sobre a integração com os demais professores da escola, e a realização de reunião para falar sobre o trabalho na biblioteca e os textos discutidos durante o curso, ela respondeu:

> Depois de muita insistência, consegui que a diretora marcasse uma reunião com eles. Assim mesmo foi porque ela veio me pedir um favor. Ela sempre pedia e eu atendia, só que desta vez eu disse que atenderia o pedido depois que ela marcasse a reunião. Ela marcou e eu pude falar para eles qual é a verdadeira função da biblioteca, qual é a minha função, e que eu fui preparada para receber o aluno que procura a biblioteca para a pesquisa e para uma leitura prazerosa, e não para atender um aluno que vai lá para a punição. Depois dessa reunião não apareceu nenhum aluno de castigo na biblioteca. E até ganhei alguns aliados. Mais dois professores ficaram interessados em participar dos Círculos de Leitura na Biblioteca da SEDU.
>
> O castigo era todo dia, dois a três alunos por dia. Outro dia mandaram um aluno da 7ª série para o castigo, ele chegou alvoroçado e disse que não ia ler nada. E que não ia "zuar" lá, porque gostava muito de mim. Então resolvi oferecer-lhe um livro, ele resistiu um pouco, depois resolveu que ia ler só umas folhas. Ao final do castigo me perguntou se poderia levar o livro emprestado, e a partir daí começou a divulgá-lo com os colegas, e já está lendo outros livros.

Perguntada, ainda, sobre o envolvimento e a participação da comunidade nas atividades da biblioteca, ela declarou:

> A nossa escola é uma das maiores da redondeza e por esse motivo é procurada por alunos de outras escolas. Eu recebo e atendo a todos eles com o maior carinho.[1]

Com todo esse interesse e dedicação pela causa da leitura e da biblioteca, Cleonice não poderia deixar de ser BIBLIOTECÁRIA, e resolveu fazer o vestibular na Universidade Federal. Insistiu algumas vezes e passou, e até já se formou. Participou de vários seminários e outros eventos de leitura promovidos pelo Comitê Estadual do Programa Nacional de Incentivo à Leitura (PROLER) e de cursos,

---

[1] Entrevista realizada em 1996, período de elaboração da monografia de conclusão do Curso de Especialização: Teoria e Práticas da Leitura realizado na PUC- Rio, cujo texto inicial, "Biblioteca Escolar: dos Templos do Saber ao Centro Difusor do Fazer Educativo", foi atualizado, ampliado e reformulado, e deu origem a este livro.

círculos de leitura, oficinas e outras atividades desenvolvidas pela Secretaria Estadual de Educação do Espírito Santo. E continua fazendo o que mais gosta, promovendo a leitura junto aos alunos das escolas públicas municipais de Vila Velha.

Para que a escola possa promover satisfatoriamente as atividades de dinamização e promoção da leitura e da pesquisa, os profissionais responsáveis pelo desenvolvimento desse trabalho precisam ter uma formação que contribua para o seu aperfeiçoamento profissional e cultural, bem como para o seu crescimento como leitor. Além destas, outras características são indispensáveis: que sejam criativos, receptivos, e que conheçam o acervo e o público para o qual e com o qual vão trabalhar (MARTÍNEZ, 1994).

Com relação à importância do papel e do comprometimento dos mediadores da leitura com a formação do leitor, Eliana Yunes (1994, p. 16) faz a seguinte observação:

> Não é possível estimular a leitura e cativar novos leitores se não estamos convencidos das vantagens de ler. Não seremos capazes de converter analfabetos e iletrados em leitores se não estamos convencidos da importância da leitura. Nós que estamos como intermediários entre os livros e as crianças – pais, mestres, bibliotecários, editores, livreiros e produtores culturais – se não vivemos a leitura como um ato permanente de enamoramento com o conhecimento e a informação, se não praticarmos o prazer da convivência com a leitura, não lograremos promovê-la, nem ampliar o número de leitores.

A biblioteca escolar, quando munida dos recursos necessários, poderá transformar-se no espaço de formação permanente para bibliotecários e professores, proporcionando-lhes as condições básicas fundamentais ao exercício da reflexão e da avaliação crítica, sobre as práticas desenvolvidas e as experiências concretas vivenciadas e confrontadas durante o percurso de formação do leitor.

Uma questão polêmica e que tem interferido, de longa data, no processo de formação do leitor no Brasil é a carência de serviços bibliotecários, um problema histórico-político-social que vem se desenrolando desde o período colonial, com sérias repercussões no desenvolvimento da vida cultural e intelectual do país, e, em especial, "nas escolas públicas onde muitos professores e bibliotecários não gostam de ler e não sabem pesquisar".[2]

Outra questão também relacionada com a ausência dos serviços bibliotecários e que tem sido frequentemente debatida em congressos, seminários e em outros espaços e encontros de leitura é a formação dos professores do país, que atuam nas séries iniciais da educação básica, período fundamental de iniciação à leitura. As instituições responsáveis, na maioria das vezes, não têm preparado esse futuro professor para enfrentar os desafios de uma sala de aula e para atender às exigências e necessidades da sociedade moderna, uma vez que o currículo desses cursos, muitas vezes, não trata com profundidade e "consistência" sobre o desenvolvimento da leitura e a formação do leitor.

Essas instituições de ensino, geralmente, não dispõem de bibliotecas adequadas e de acervos atualizados, e, portanto, não oferecem a seus alunos a oportunidade de vivenciar experiências concretas com a leitura e com a pesquisa, requisitos estes fundamentais para a formação pedagógica. Quando se trata de escola, de biblioteca e de leitura, o professor é o alvo principal a ser atingido, pois em suas mãos, também, estará a responsabilidade pela formação do futuro cidadão-leitor, em conjunto com a família, o bibliotecário e os demais agentes sociais.

A professora Alfredina Nery (1989, p. 58) relata uma experiência muito interessante e significativa vivenciada por ela num projeto de leitura que envolvia alunos do antigo curso de Magistério em estágio na biblioteca escolar:

> Em uma escola de Magistério [antigo normal] pudemos experimentar e fecundar um projeto de leitura que trabalhava em dois níveis:
>
> - Alguns momentos do estágio do aluno eram na própria biblioteca, fazendo-se leitor, relacionando-se profissionalmente com os usuários da biblioteca, em termos de atendimento e organização do espaço e das

---

[2] Conforme pesquisa apresentada por Eliana Yunes (1993), em apostila distribuída em sala de aula.

atividades planejadas pela biblioteca. Aproximavam-se assim teoria e prática na questão da leitura;

- Outros momentos do estágio do aluno eram dedicados à organização ou reorganização das bibliotecas escolares da região próxima à nossa escola ou próxima à residência do estagiário. Munidos de um questionário que diagnosticava alguns pontos com relação ao acervo pessoal e local da biblioteca, os estagiários eram elementos catalisadores de atividades de leitura com a referida biblioteca.

Se os próprios professores forem leitores e estiverem convictos da importância de promover e de incentivar permanentemente o desenvolvimento de práticas leitoras no contexto escolar, num futuro bem próximo, estaremos vivenciando uma comunidade de alunos/leitores capazes de constituir, ao lado da educação formal e da palavra escrita, outros espaços e momentos para a difusão e integração dos recursos produzidos pela tecnologia da comunicação de massa, e de promover a reflexão e avaliação sobre a utilização e atuação desses recursos no processo ensino-aprendizagem, e nos espaços destinados ao exercício e produção da leitura e do conhecimento. Para Milagros del Corral (2003, p. 204),

> Devemos avançar em direção a um futuro que respeite a diversidade cultural, em que a liberdade de escolha e o desenvolvimento do pensamento crítico – bases do pluralismo democrático – permaneçam garantidos; isso é necessário, sobretudo, para que a cada um dos indivíduos que compõe nossas sociedades seja assegurado um futuro dotado de memória, entendimento e vontade que são, precisamente, as faculdades da alma.

O relato apresentado a seguir, pela professora Marilene Vidigal da Costa, retrata a sensibilidade e comprometimento do professor leitor que reconhece a importância do "letramento literário", e que desenvolve essa habilidade possibilitando e promovendo o acesso dos seus alunos à produção literária, desde os primeiros anos de escolarização básica.

Minha Experiência em Sala de Aula

Incentivar o aluno a formar o hábito de leitura tem sido para mim uma constante preocupação ao longo desses anos.

Quando ingressei no Magistério Público Estadual, no interior do município de Linhares, em 1971, senti a urgente necessidade de trabalhar com a literatura infantil em sala de aula. Mas o que fazer? As condições eram precárias!

Recorria a empréstimos de livros e às editoras que nem sempre dispunham de livros adequados para doar. Então, preocupadíssima, recortava notícias de jornais e revistas. Assim, era realizado o trabalho de leitura e produção de texto.

Hoje, mais do que nunca, vejo a grande necessidade de os alunos entrarem em contato com o livro.

É no seio da família que essa habilidade deveria ser desenvolvida inicialmente. Se os pais não têm mais tempo para dialogar com os filhos e se os mesmos não lêem, é muito difícil que as crianças demonstrem algum interesse por obras literárias.

Cabe à escola estabelecer o "momento da leitura" por prazer, que pode acontecer na biblioteca ou na sala de aula – caso a mesma não possua uma sala específica para essa atividade.

A utilização de apostilas ou textos fotocopiados tem tirado do aluno o grande privilégio de manusear livros.

Uma atividade que deveria ser olhada com mais carinho é o uso de poesia em sala de aula. O papel da escola é formar o homem integral: razão e emoção. Assim, a escola é também o lugar da poesia. Não só poesia, mas também a música é importante para o desenvolvimento integral do indivíduo.

Promover o exercício de leitura deveria ser a preocupação de todos os educadores. Essa tarefa não é só da responsabilidade do professor de português, mas de todos os que estão envolvidos direta ou indiretamente no processo ensino-aprendizagem.

A Região Sudeste, como todo o Brasil, enfrenta um problema – o da moradia. Muitos trabalhadores não têm onde morar. Nesse 4º bimestre, as crianças trabalharam a questão da moradia aproveitando o poema de Vinicius de Moraes, A CASA. Por que não usar textos literários em matemática, ciências, estudos sociais?

O livro *A Dinha*, de Tenê, narra a problemática de uma menina que nasceu e cresceu no Nordeste. Por que não iniciar o estudo das regiões brasileiras com esse livro? Por que não inserir literatura infantil em outros componentes curriculares?

Experimentem! Estou vivendo essa experiência também na Rede Municipal de Educação de Vila Velha.

Deixem as crianças entrarem no mundo fantástico e maravilhoso da leitura!

Elas vão vibrar![3]

A participação e a contribuição de estudantes dos cursos de formação de professores nos encontros e discussões realizadas em torno da leitura e da formação do leitor têm sido muito significativas e produtivas no que diz respeito ao posicionamento crítico e reflexivo desses alunos, às práticas tradicionalistas e aos discursos dogmáticos vivenciados e reproduzidos nas salas de aula. Os seus depoimentos e questionamentos mostram a receptividade e disponibilidade para com os temas tratados, e a busca frequente por práticas educativas inovadoras e transformadoras do cotidiano escolar. (Veja no próximo capítulo algumas experiências de promoção da leitura desenvolvidas dentro e fora do espaço escolar).

A reavaliação da prática educativa dos professores e dos bibliotecários, e a redefinição do papel social da biblioteca no contexto educacional brasileiro constituem-se nos objetivos principais para que a escola conquiste o seu espaço na vida da comunidade e junto com ela possa assumir o projeto da biblioteca escolar, criando, assim, as condições concretas para a democratização do ensino e da

---

[3] Marilene Vidigal da Costa é professora aposentada da rede pública estadual do Espírito Santo onde atuou durante 25 anos nas séries iniciais do ensino fundamental. Atualmente exerce a função de pedagoga na Secretaria Municipal de Educação de Vila Velha/ES. Em 1998 ela foi homenageada e premiada pelo Projeto "Brasil 500 Anos", promovido pela Rede Globo de Televisão, por sua atuação com crianças de 1ª a 4ª série da Escola Municipal Henrique Rímolo – Município de Vila Velha, a partir do Projeto "Com Poesia e Música também se Aprende", de sua autoria.

leitura, e para a organização e preservação da memória e dos bens culturais produzidos pela sociedade. Ezequiel Silva (1983, p. 3-4) diz que: "[...] a democratização da leitura não se desvincula do processo de democratização da sociedade como um todo", e que,

> Uma sociedade é democrática quando mantém e expressa a igualdade de condições (sociais e econômicas) e a liberdade, de modo que o povo possa determinar o seu destino através da participação nos poderes de decisão sobre os seus projetos de vida bem como do controle da execução desses projetos.

Com essa nova concepção, a escola e a biblioteca estarão rompendo com os preconceitos e normas estabelecidos pela imposição da prática do discurso pedagógico único na esfera do fazer educativo, e derrubando os muros para o livre acesso ao conhecimento, e abrindo novos caminhos ao exercício pleno da cidadania dentro e fora do contexto escolar, com vistas a uma educação libertadora. Pois, conforme destaca Milanesi (1988, p. 52-53): "O acesso livre à informação é um exercício de liberdade que se desdobra infinitamente. No conhecimento não há nada definitivo, nem o professor e nem os livros. Tudo está para ser reescrito constantemente".

Numa ação conjunta, a escola, a biblioteca e os demais segmentos da sociedade organizada deverão reivindicar dos dirigentes governamentais a aprovação e o cumprimento de legislação específica no que se refere à implantação e manutenção de um Sistema de Bibliotecas Escolares, com profissionais especializados, espaços adequados e acervos bibliográficos e audiovisuais atualizados, que atendam às reais necessidades de produção e de difusão da leitura e do conhecimento junto à população brasileira.

Para aqueles que não conhecem ou que ainda não sabem, a Lei nº 10.753, de 30 de outubro de 2003, publicada no D.O.U. em 31 de outubro de 2003, que "Institui a Política Nacional do Livro", estabelece, entre outras diretrizes, no Art. 16: "A União, os Estados, o Distrito Federal e os Municípios consignarão, em seus respectivos orçamentos, verbas às bibliotecas para sua manutenção e aquisição de livros" (BRASIL, Lei nº 10.753, 31 out. 2003) (veja o texto integral da lei anexo).

De acordo com a diretriz – Estrutura para Implementação – do Plano Nacional do Livro e Leitura (PNLL) (2006, p. 30-31), apresentado pelo Governo Brasileiro, sob a Coordenação dos Ministérios da Cultura e da Educação:

> A Lei n° 10.753, de 30.10.2003, que instituiu a Política Nacional do Livro, é o instrumento legal que autoriza o Poder Executivo a criar projetos de incentivo à leitura e acesso ao livro. A regulamentação da lei permitirá a criação de instrumentos que facilitem a execução do disposto no Art. 13° e suas alíneas, que incluem a articulação de diferentes instâncias e âmbitos governamentais e parcerias com o setor de criação e a cadeia produtiva do livro. A regulamentação da Lei 10.753 deverá apresentar o Plano Nacional do Livro e Leitura e formas possíveis para sua organização e estrutura, capazes de formular, coordenar e executar ações dessa política setorial. (<http://www.pnll.gov.br>. Acesso em: 11 dez. 2007).

Concluindo mais este capítulo sobre a história e a (des)estória das bibliotecas brasileiras, particularmente as escolares, gostaria de fazer uma proposta, talvez um convite – usando mais uma vez as palavras do ilustríssimo professor Ezequiel Theodoro da Silva (1989, p. 33) – a todos os profissionais comprometidos com a promoção da leitura, e às autoridades competentes responsáveis pela educação e pela cultura deste país.

> E daí, neste momento de tantas carências e frustrações na área da educação brasileira, talvez a construção e a conquista coletiva da biblioteca escolar possam se transformar em fatores de re-encontro, participação e integração.

> E daí, quando o ensino público – por diferentes motivos – perde sentido e substância, talvez a implantação da biblioteca possa re-colocar os eixos da escola nos seus devidos lugares, combatendo a ignorância e abrindo perspectivas para um maior conhecimento do mundo.

> E daí? E você?

Pra ler e saber: iniciativas de promoção da leitura e de valorização da biblioteca desenvolvidas nas mais diversas cidades e regiões brasileiras

> *Não basta zelar pelo patrimônio físico, não basta restaurar obras raras, [...] não basta conectar nossos computadores com os computadores de todo o mundo, é necessário formar leitores. Afinal, todo o nosso trabalho só tem sentido em função desse personagem anônimo e fundamental, o leitor. [...] A transformação do país passa necessariamente pela leitura.*
>
> AFFONSO ROMANO DE SANT'ANNA

Com o propósito de ratificar a importância e necessidade de se promover a democratização da leitura junto às camadas populares, através da dinamização de espaços e ambientes apropriados para o acesso e uso do livro, dentro e fora do espaço escolar, e, ainda, com o intuito de oferecer subsídios e incentivar os profissionais que desejam desenvolver ações de incentivo à leitura e de revitalização de bibliotecas, divulgo a seguir algumas experiências já desenvolvidas, ou em fase de desenvolvimento ao longo das últimas décadas, em algumas cidades brasileiras, relatadas por seus autores e executores.

Vale ressaltar que algumas dessas iniciativas tiveram início antes da instituição do Programa Nacional de Incentivo à Leitura (PROLER) no país, outras foram planejadas e desenvolvidas a partir da sua implementação, tendo sido fortalecidas pelas ações desse Programa que trouxe grandes contribuições para os campos da leitura e da literatura, envolvendo profissionais das mais diversas áreas e inúmeros outros segmentos da população na luta pela formação de uma sociedade leitora.

As experiências, ora apresentadas, foram desenvolvidas com crianças, jovens e adultos em escolas, bibliotecas, praças públicas, centros comunitários e outros espaços onde é "permitido" e "[...] possível contar e ouvir uma história, ver um filme, assistir a uma peça teatral, perguntar sobre uma planta, descobrir um segredo, ouvir um canto, sussurrar sobre um sonho... Um espaço cativante, convidativo, atraente" (NÓBREGA, 1995, p. 14). E cultivar o gosto pela leitura para a vida inteira.

Sala de leitura

RAQUEL NADER[1]

NOVA FRIBURGO/RJ

Quase sempre a gente tem medo do caos. Parece que nada se organiza, nada pode acontecer de fato. Mas, nesse nosso caso, foi o caos que provocou e deu possibilidade de pensarmos a leitura com um outro argumento, um outro sentimento, num novo momento.

As aulas de literatura eram feitas nos corredores, na praça, no refeitório. Claro que era para provocar! Mas era também para invocar.

Um dia um estudante de outra turma passou, viu a roda, o movimento, a animação, a concentração e soltou a voz: "A felicidade mora ao lado!". Foi a deixa para que mais gente voltasse olhos e emoções para aquele "desconforto" anárquico.

Pouco antes, uma autoridade da educação local disse que pra trabalhar a leitura não precisava de sala, biblioteca ou outro espaço qualquer. Então tá: qualquer espaço iria servir. E de fato serviu.

Com o circo armado e funcionando, claro que a direção caiu, claro que ninguém estava disposto a enfrentar todo aquele exercício de leitura já instituído e fomos chamados, estudantes e professores. O que vocês querem, como pretendem continuar, de onde vem o material necessário, quem vai se responsabilizar, onde a sala pode ser montada, e ainda: quais são as regras, tem nota, serve pra quê e outras perguntas características de quem não tem nem hábito quanto mais prazer com a leitura.

A biblioteca da escola era o local máximo do silêncio. Silêncio e escuridão, para muitos, rima com concentração.

Uma outra sala era depósito de qualquer coisa, paredes descascadas, sujeira de todos os naipes, no fundo da escola, longe até de mau olhado, mas tinha luz...

---

[1] Raquel Nader é contadora de histórias, especialista em Leitura pela PUC-Rio, professora de Língua Portuguesa, Literatura Brasileira, Literatura Infantil e Teatro, escritora, artesã e atriz.

Dizem que a única passeata que anda é a de estudantes e por isso eles foram os convidados para a ação. Limpamos, descascamos, pintamos, escovamos, e a ajuda chegou dos pais, dos serventes e, pasmem, até de professores.

O acervo veio aos poucos. Alguns programas oficiais Biblioteca do Professor, Sala de Leitura foram procurados e dali recebemos livros novos. A biblioteca, que funcionava só para consulta, cedeu o que ali havia de literatura. Outras doações vieram. Agora, investimento da escola em livros, dinheiro pra comprar livros? Nem um tostão!

Bolas de soprar se fazendo passar por fogos de artifício, discurso dos pequenos e dos maiores, laço de fita cortado: Sala inaugurada. Ziraldo deu a frase "Ler é mais importante que estudar!", e ela foi parar nas paredes, portas, janelas, tapetes, almofadas.

"A traça" era o jornal da sala. Entre sessões de histórias contadas, rodas de leituras, brinquedos, jogos, teatro, música, reunião de pauta, risos, gargalhadas, lágrimas, abraços e beijos, gente foi aparecendo, leitores foram surgindo: crianças, jovens, estagiários daqui e de outros portos.

As regras eram poucas: manter a sala, os livros, a alegria, o prazer e o último a sair, trancar a porta e apagar a luz. Até a organização era mutável. A cada novo ano, uma nova turma, e essa turma reorganizava tudo a seu jeito. Um ano foi por autor, no outro por assunto, teve também por tamanho e até por faixa etária. Claro que muita coisa não funcionava e aí era só arrumar outra forma. Enquanto isso os livros foram lidos, mexidos, abertos, limpos e encontravam novos lugares. Ali era uma escola e os únicos que permaneciam eram os professores. Estudante que se preza termina o curso e só volta pra visitar. Aqueles voltavam. A sala era deles.

Uma vez, constatamos que um grande número de livros não recebia atenção de ninguém. Os pobres restavam fechados, esquecidos, entristecidos. Problema? Nenhum. Foi só pegar uma caixa, encher com os tais, deixar a parte de baixo aberta e a de cima bem trancada, coberta por um pano e com um pequeno cartaz: "Não mexa! Proibido para menores". Bastou.

Cada vez que a gente olhava, tinha um livro a menos ou outro já tinha sido devolvido. Foi possível fazer levantamento de quais demoravam pra voltar, quais passavam de mão em mão até voltar e quais não voltaram nunca.

Um dia a gente leu "Felicidade Clandestina", pra todo mundo que entrava na sala. Monteiro Lobato não parou na estante, nem as edições mais antigas, de antes da reforma ortográfica, tiveram sossego e com Clarice Lispector não foi diferente.

Outra vez saímos de Nova Friburgo em três ônibus para assistir a "Vau de Sarapalha" na cidade do Rio. Na volta, Guimarães Rosa virou sucesso, só faltava dar autógrafos aos seus digníssimos leitores recém-conquistados.

Tem mais: "A troca e a tarefa". Trapaça armada, começaríamos a ler no finalzinho da aula para não dar tempo mesmo de terminar. O grupo foi sentando, deitando, calando completamente, ouvindo, sentindo. No meio da história, o sinal, como qualquer outro estridente e incomodante. Livro fechado. Acabou. A grita foi geral: continua, continua! A leitura continuou, o recreio ficou pra trás e Lygia Bojunga Nunes não descansou na estante por muito tempo.

Nada funcionava como receita. Tudo sempre era novo, de novo. A TROCA funcionava o tempo todo, troca de experiências, de alegrias, de emoções fortes, de carinhos, de afetos, de histórias escritas, contadas, vividas, vivenciadas. A TAREFA era cumprida a cada dia, e a cada dia era renovada, refrescada, realizada no passado do escrito, no presente da leitura e no futuro de tanta esperança de novas construções. Como os livros foram tijolos pra Lygia, temos certeza de que serão para muitos outros e outras pela vida afora.

A sala? Acabou.

As pessoas estão por aí, no Japão, na Suíça, pelo Brasil, aqui, fazendo música, teatro, circo, atuando como educador. Nossa tarefa foi deixar cada um achar seu leitor guardado lá dentro da mesma forma que, no olhar de uma criança, Camille Claudel descobriu aquela escultura que estava presa na pedra.

Essas atividades foram desenvolvidas, entre 1990 e 1997, no Instituto de Educação de Nova Friburgo (IENF), com estudantes do 1º ciclo do Ensino Fundamental e do antigo Curso de Formação de Professores.

Biblioteca Maria Geaquinto: promovendo a leitura e o conhecimento

Maria Neila Geaquinto[2]

Jerônimo Monteiro/ES

Durante vários encontros com alguns professores do município de Jerônimo Monteiro, estado do Espírito Santo, discutimos as possibilidades da criação de uma biblioteca comunitária que pudesse oferecer à população um espaço alternativo de leitura.

Em julho de 1999 foi criada a Biblioteca Maria Geaquinto (BMG), instituição sem fins lucrativos, cadastrada na Fundação Biblioteca Nacional na categoria "Biblioteca Comunitária". Ao longo dos últimos dez anos, vem se envolvendo com parceiros comprometidos e buscando a participação das famílias e das escolas locais, contribuindo, assim, para a promoção da leitura e a construção da cidadania, junto aos mais diversos segmentos sociais do município.

A criação da BMG veio preencher uma lacuna, pois a Biblioteca Municipal de Jerônimo Monteiro havia sido transferida há muitos anos para o espaço da escola estadual localizada na sede do município.

Para a instalação da biblioteca foi cedida, em regime de comodato, uma casa de 150 m², situada na avenida principal da cidade, que foi reformada para atendimento ao público leitor/pesquisador.

O acervo conta hoje com mais de 12.000 livros, e é formado por doação de amigos. Um fato, no entanto, veio colaborar decisivamente para a concretização desse sonho, a indicação da presidente da biblioteca professora Maria Neila Geaquinto, para votante da Fundação Nacional do Livro Infantil e Juvenil

---

[2] Maria Neila Geaquinto é professora aposentada da Universidade Federal do Espírito Santo, membro do Comitê Estadual do PROLER / ES e votante da FNLIJ – Fundação Nacional do Livro Infantil e Juvenil.

(FNLIJ), sediada na cidade do Rio de Janeiro. A partir de então, os livros recebidos das editoras para análise e indicação ao acervo básico e prêmio da FNLIJ, após a realização dessas atividades, são incorporados, anualmente, ao acervo da BMG.

Nos estatutos da biblioteca, constam seus objetivos, dentre eles destacamos:

- Demonstrar para a comunidade a importância da leitura na formação da cidadania;
- Promover atividades culturais abertas a todos em parceria com órgãos públicos e particulares;
- Constituir-se numa alternativa cultural cotidiana para a comunidade.

Para atingir os objetivos propostos, a Biblioteca Maria Geaquinto, nesses dez anos de atividades, vem elaborando e executando projetos em parceria com os poderes públicos municipal e estadual, a Fundação Biblioteca Nacional (FBN)/PROLER, o Ministério do Meio Ambiente, entre outros.

Além do atendimento diário à comunidade, através de empréstimos e consultas, a BMG realiza várias atividades de incentivo à leitura e promoção cultural em sua sede e/ou em espaços cedidos pela Igreja Católica e por escolas próximas.

O primeiro evento, em 2000, foi o curso Leitura e Escrita: Desafios para o Próximo Milênio realizado em parceria com a Coordenação Nacional e o Comitê Estadual do PROLER/FBN, e as Secretarias Estadual e Municipal de Educação. O curso teve duração de 40 horas com a participação de 45 profissionais, auxiliares de biblioteca e professores do município de Jerônimo Monteiro e municípios vizinhos, dentre eles: Guaçuí, Mimoso do Sul e Muqui.

A partir desse período, outras atividades foram realizadas pela BMG:

- Semana dos Contos de Fada, com palestras, oficinas e distribuição de 3.000 livros para o público infantojuvenil;
- Semana Monteiro Lobato, com oficina, exposições de fotos e livros, e exibição de vídeos;

- Curso de Educação Ambiental, com 40 horas de duração e 30 participantes;
- Exposições de fotos antigas da cidade, de telas, de quadros em ponto cruz, de cerâmicas, etc.;
- Instalação de Vitrine Permanente de Conchas do Mar, com seus respectivos nomes científicos.
- Instalação de Vitrine de Livros Antigos (obras raras), sendo: quatro do século XIX, e alguns da primeira metade do século XX, dentre eles: Monteiro Lobato e Almanaque Tico-tico.

Além disso, mensalmente, a biblioteca, elege um tema (ecologia, folclore, natal, poesia, etc.) ou autor, e lhe dá destaque com fotos, cartazes, seleção e mostra de livros em estantes expositoras.

Um fato ocorrido no ano de 2002 e que merece destaque foi a visita do então Secretário de Educação do Estado do Espírito Santo, Sérgio Misse, à BMG, que homenageou a presidente da biblioteca, professora Maria Neila Geaquinto, concedendo-lhe uma placa em nome da instituição que representava, por sua iniciativa de criação e dinamização da biblioteca no município.

Em 2008 foi desenvolvido o Projeto "Capitu", como registro comemorativo dos 100 anos da morte do escritor Machado de Assis. Com o objetivo de promover a leitura de suas poesias, crônicas, contos, peças teatrais e romances, várias ações foram realizadas:

- Campanha de doação de obras de Machado de Assis à Biblioteca Maria Geaquinto;
- Publicação de poesias, contos e crônicas do autor, em folhetos, e distribuição à população em geral;
- Seminários sobre suas obras;
- Jornada de Leitura de textos e leitura dramatizada de peças teatrais e fragmentos de algumas obras.

A Biblioteca Maria Geaquinto foi declarada de Utilidade Pública Municipal pela Lei Municipal nº 998/2001, e incluída no orçamento da Prefeitura, fazendo jus a uma verba que é repassada em parcelas mensais. Além desse recurso, ela conta com a participação de sócios que contribuem mensalmente com uma quantia simbólica para, juntamente com a verba da Prefeitura, cobrir as despesas com uma funcionária que auxilia na organização do acervo e no atendimento ao público, uma faxineira, água, luz, telefone e outros gastos.

Através da apresentação de projetos, a BMG conseguiu recursos financeiros do Ministério do Meio Ambiente para a realização do curso de Educação Ambiental anteriormente citado, e da Empresa Samarco Mineração S/A para aquisição de mobiliários, equipamentos, assinatura de jornal e revista.

A estatística do quantitativo de usuários da BMG é realizada a partir das assinaturas registradas no livro de frequência, pelos leitores/pesquisadores, podendo-se constatar uma média mensal de 500 frequentadores e de 120 empréstimos de livros.

Considerando que o município de Jerônimo Monteiro possui cerca de 11.000 habitantes, esses resultados nos incentivam a dar continuidade às ações em prol de uma sociedade efetivamente leitora.

Relatos do mundo da leitura do povo ribeirinho

JOELMA MONTEIRO DE CARVALHO[3]

PARINTINS/AM

O trabalho social com a leitura teve início no ano de 2001, quando foi implantado na cidade de Parintins, interior do estado do Amazonas, o Comitê do Programa Nacional de Incentivo a Leitura (PROLER)/MEC/MINC em parceria com a Secretaria Municipal de Educação, onde foram desenvolvidos projetos voltados para o incentivo à leitura na Região Norte, mais precisamente no Baixo Amazonas.

Parintins é conhecida pela expressão cultural de seu povo que enfatiza os bois-bumbás Caprichoso (que defende as cores azul e branco) e Garantido (boi das cores vermelho e branco), que durante as festividades traz como temática mitos, lendas amazônicas e vivências do povo ribeirinho. Está a 322 km em linha reta da capital, Manaus. Um município com pouco mais de 100.000 habitantes às margens do Rio Amazonas, tendo a embarcação como via de locomoção mais utilizada na região.

Na Escola Estadual Brandão de Amorim foi desenvolvido o Projeto Leitura: uma Janela Aberta para o Mundo, com alunos de ensino médio, em sua grande maioria, filhos de artistas plásticos, caboclos pescadores e indígenas. O Projeto consistia em três momentos: no primeiro, os alunos artistas eram incitados a expor suas experiências de mundo no contexto escolar através da produção de textos em sala de aula ou na praça pública chamada de Liberdade, caracterizada por possuir espaços com painéis e esculturas de artistas locais que retratam o meio ambiente, a vida, a cultura, a arte cabocla e a história da região.

---

[3] Joelma Monteiro de Carvalho é especialista em Leitura, professora da rede pública estadual do Estado do Amazonas, assessora de Projetos da Universidade Estadual do Amazonas (UEA) e Coordenadora do Comitê do PROLER de Parintins/AM.

O segundo momento consistia num levantamento oral dos conhecimentos de cada aluno sobre os mitos e lendas da Amazônia, em paralelo às poesias do poeta regional de maior expressão mundial, o escritor amazonense Thiago de Mello. A conclusão do trabalho ocorreu com a realização de aulas fluviais de Língua Portuguesa e Literatura, em uma embarcação cedida por colaboradores da região.

A viagem constava de visita à cidade de Barreirinha/AM, município distante cinco horas da cidade de Parintins, na Ilha de Freguesia e no Rio Andirá, com a finalidade de conhecer de perto o cotidiano de vida e as obras do poeta Thiago de Mello. No âmbito de sua residência, batizada localmente de "Casa do Poeta", os alunos fizeram entrevistas com o escritor e tiveram contato com suas obras. Esse momento de leitura foi único, porque puderam conhecer e vivenciar a magia da poesia e desfrutar, como fizera o poeta, de fontes inspiradoras, as paisagens dos Rios Andirá e Macurany, um contato direto com a arte de ler e escrever.

A viagem continuava sob o luar, e cada aluno descrevia o seu percurso e suas impressões ao longo do beiradão encoberto por barrancos que caiam ao longo das margens. Foi uma viagem de leitura, não somente dos livros, como também das imagens ali vivenciadas.

Na mesma escola, com fulcro nos trabalhos literários que vinham sendo desenvolvidos, promoveu-se a I Maratona de arrecadação de livros, evento onde foram recolhidos 1.280 livros usados, doados para a biblioteca da escola. A imprensa local divulgou o evento que mais uma vez contou com a parceria do comitê PROLER em sua organização.

A II Maratona foi realizada no mês em que acontece o festival folclórico de Parintins, com o intuito de fornecer livros às bibliotecas rurais das comunidades próximas. Com o tema "Vá a Parintins e doe um Livro", a arrecadação de livros foi um sucesso e uma das contempladas foi a Escola Luiz Gonzaga na comunidade de Tracajá, com 40 minutos de viagem em um deslizador, um barco de casco de madeira ou de alumínio motorizado. Lá foi feita uma cerimônia de entrega dos livros e até hoje o trabalho de incentivo à leitura é realizado pelos professores daquele educandário.

Outra escola que recebeu o acervo foi a da comunidade do Itaboraí, em Boa Vista, próxima a Parintins, à margem esquerda do rio, 20 minutos de viagem, assistida pela professora Vanusa Colares, que relatou sobre a dificuldade de não dispor de livros na comunidade, para a qual providenciou um pequeno acervo com 40 exemplares.

O calendário escolar nesses locais é elaborado respeitando os ditames da natureza, tendo um calendário da Terra firme e outro da várzea. Constantemente a professora dessa comunidade participa dos eventos promovidos pelo PROLER, como as mostras literárias, encontros e cursos de formação de 40 horas.

Continuando a descida pelo rio (sentido das águas), à margem direita, a comunidade da Valéria Bete-Semes, que fica na divisa do estado do Amazonas com o do Pará, também recebeu a visita da equipe de leitura. Ao conversar com os professores e alunos, foram recolhidas histórias e lendas vivenciadas pelo povo daquela região.

Com esses trabalhos realizados o PROLER foi ganhando espaço e credibilidade local, daí vieram as Mostras Literárias que contemplaram mais de 3.000 alunos dos ensinos fundamental e médio, além de professores envolvidos a cada evento, e também a participação dos acadêmicos das universidades públicas e privadas do município em seminários e encontros estaduais que possibilitam uma reflexão acerca da leitura na região.

Em 2007 o trabalho teve início no mês de março com o desenvolvimento de atividades dentro de uma embarcação que leva os agricultores das comunidades do Assentamento da Gleba de Vila Amazônia até a cidade de Parintins, para escoamento e venda dos produtos agrícolas das comunidades rurais. Em meio às frutas, como bananas, abacaxis, melancias, pupunhas e outras frutas regionais entulhadas na balsa, são distribuídos textos literários de escritores como os do poeta, anteriormente citado, Thiago de Mello, *Os Estatutos do Homem*, fragmentos do livro *Vidas Secas*, de Graciliano

Ramos, além de dramatização e produção de textos extraídos dos ribeirinhos durante a viagem.

Em uma das oficinas de leitura oferecidas para alunos e professores da terceira idade que trabalham com a proposta de Educação de Jovens e Adultos, foi desenvolvida a oficina A Literatura na Terceira Idade, na qual foram trabalhados textos, quadrinhas, poesias e paródias, dentre essas atividades, foi lida e dramatizada a poesia "Meus oito anos", de Casimiro de Abreu. Os alunos puderam relembrar os momentos vividos em sua infância, cada professor ouviu relatos dos alunos, e juntos elaboraram textos parafraseando o poema do escritor.

E, dessa forma, como educadora venho trabalhando ao longo de dez anos, atividades de incentivos à Leitura através de programas como o PROLER, Viagens pela Leitura da Nestlé, que desenvolvo em sala de aula e a partir de concursos de redação nas escolas. Em todas essas atividades procuro manter o cotidiano do povo ribeirinho, suas vivências e experiências de vida e de mundo. É uma convivência histórica do homem com a natureza, rios e florestas, permitindo, assim, a vida cultural amazônica, ricamente e carregada de significado e de significante, criando e recriando um mundo imaginário e fértil representado e visualizado através de mitos, lendas e causos amazônicos.

Um outro trabalho em prol da educação dos ribeirinhos é realizado através do Programa Brasil Alfabetizado/Letramento de Educação de Jovens e Adultos – Reescrevendo o Futuro, desenvolvido pelo Governo Federal em parceria com a Universidade Estadual do Amazonas (UEA) e com as Prefeituras Municipais. Assim, o município de Parintins já alfabetizou cerca de 1.800 alunos iletrados desde 2003, numa faixa etária que vai de 15 a 82 anos de idade, não só na zona urbana como também na zona rural.

Feira literária

BETANIA BRUM GOMES[4]

MIMOSO DO SUL/ES

Tudo começou em 2000, quando fui convidada para participar de um curso para professores, promovido pelo Comitê Estadual do PROLER e a Biblioteca Maria Geaquinto, no município de Jerônimo Monteiro, onde estaríamos por alguns dias discutindo sobre os prazeres e caminhos da leitura.

A partir desse e de outros encontros que participei, passei a me encantar e me envolver pelo universo da leitura. Descobri que nunca havia experimentado momentos tão prazerosos e significativos para minha vida profissional.

Iniciei no Programa Ler e Saber, instituído pela Secretaria de Estado da Educação do Espírito Santo, que tinha por objetivo proporcionar e despertar o prazer pela leitura a partir de um projeto elaborado em cada instituição escolar envolvida, de acordo com seus interesses e realidade. Então, foi por mim desenvolvido o "Sonho de Leitura" na Escola Estadual de Ensino Fundamental Monteiro da Silva, no município de Mimoso do Sul.

Após conhecer as propostas do Programa, apresentadas pela Bibliotecária da SEDU, me senti envolvida pelo universo da literatura e, então, voltei para a escola com aquelas novas estratégias para aguçar nas crianças o prazer pela leitura, encantá-las e envolvê-las no mundo mágico das histórias. Com todo esse entusiasmo, envolvi, também, minhas colegas de trabalho e, assim, foram surgindo outras ideias para que o trabalho ganhasse força e sucesso.

Criei uma sala de leitura por onde passaram todos os alunos da escola, e onde estes puderam vivenciar e experimentar muitos momentos prazerosos e significativos com o livro e com a leitura.

---

[4] Betania Brum Gomes é professora de ensino fundamental da EEEF Monteiro da Silva localizada no município de Mimoso do Sul/ES.

Aprendiam comigo e eu aprendia com eles. Surgiam talentos para dramatizar, interpretar, criar, e um grupo de alunos escrevia suas próprias peças de teatro.

Nessa época fui convidada pela Superintendência Regional de Educação localizada em Mimoso do Sul, através da coordenadora regional do Programa Maria Aparecida Muri, para liderar um encontro com professores dos municípios vizinhos que também desenvolviam as ações do Programa, durante o qual tive a oportunidade de relatar o que havia aprendido até então, e toda a minha experiência com o desenvolvimento da leitura junto às crianças da Escola Monteiro da Silva. Foi maravilhoso! Mais tarde falei aos professores da zona rural que manifestaram interesse em adquirir livros e inovar seu planejamento.

Com a mudança de governo em 2003, o Programa foi extinto e surgiu o Passaporte para a Leitura. Através desse novo Programa, recebemos muitos livros, e a biblioteca da escola, que contava com bons títulos, passou a ter um acervo digno de uma escola pública. Trabalhei mais algum tempo planejando e desenvolvendo atividades de leitura e me realizava no meio dos livros, das histórias, dos contos e das fábulas. Estive perto de colher frutos do trabalho que fiz, realizando o sonho de montar uma feira literária, na qual participariam todos os professores e alunos com suas produções e exposições de livros. Elaborei o projeto que só ficou no papel, pois, o Programa "Passaporte para a Leitura" também foi extinto. Voltei frustrada para a sala de aula, mas minhas ideias foram comigo.

A esperança de realização da feira reacendeu com a mudança da direção da escola. A nova diretora Iara Santos Machado, que sempre acompanhou e incentivou o meu trabalho com a literatura, deu todo o apoio necessário para a realização do evento. A feira literária foi o maior sucesso!

Contamos com a participação e estímulo do nosso escritor mimosense senhor José Arrabal, que nos ajudou na organização do evento, viabilizando a participação de editoras da capital. Além disso, houve o empenho de professores, alunos e demais profissionais da escola na dinamização dos acervos literários para produção de trabalhos, organização de exposições, dramatizações, apresentações teatrais, homenagens a escritores, recitais e muitas outras atividades, que foram colocadas à disposição da comunidade em geral, culminando com a concretização da Primeira Feira Literária da Escola Monteiro da Silva em agosto de 2005. Foi a realização de um sonho que floresceu e deu bons frutos. Recebemos muitos visitantes e também muitos elogios.

No ano seguinte, em setembro de 2006, realizamos a Segunda Feira Literária, também, com apoio do nosso querido escritor José Arrabal. Dessa vez, contamos com a participação de outros escritores capixabas e mimosenses que foram homenageados por nossos alunos. Tivemos a visita da bibliotecária da SEDU e de alguns professores universitários que fazem parte do Comitê Estadual do PROLER.

Nessa segunda edição, nossa Feira adquiriu proporções maiores. Algumas escolas da rede municipal e outra da rede estadual também participaram, homenageando escritores, como: Ana Maria Machado, Ruth Rocha, Machado de Assis e os capixabas Francisco Aurélio Ribeiro, Silvana Pinheiro Taets e o nosso anfitrião José Arrabal.

Fiquei emocionada e muito feliz ao ver crianças e adolescentes se envolvendo naquele universo mágico das palavras. Valeu a pena tanto trabalho!

Esperamos repetir a cada ano e melhor, e mostrar que o que importa é nunca desistir de sonhar, e continuar "ensinando a gostar de ler e formando leitores para a vida inteira" (VILLARDI, 1997).

O exemplo de Mimoso do Sul

Depoimentos do Escritor José Arrabal [5]

A feira de livros que há dois anos acontece em Mimoso do Sul, Espírito Santo, é um evento cultural exemplar em seus múltiplos sentidos. Vale contar como surgiu e daí tirar precisa lição, sobretudo

---

[5] José Arrabal é professor universitário, jornalista e escritor, autor de contos, novelas e romances. Entre suas obras, sobressaem "A Princesa Raga-Si", "O livro das origens", "Lendas brasileiras", vol. 1 e 2 e "Cacuí, o curumim encantado" (Ed. Paulinas), *A ira do curupira* (Ed. Mercuryo Jovem), "O noviço", *Deméter, A senhora dos trigais, O monstro e a mata* e *O nariz de Vladimir* (Ed. FTD), *Histórias do Japão* (Ed. Peirópolis), "Anos 70 – ainda sob a tempestade" (Aeroplano Editora) e "Contos brasileiros" (Ed. Expressão Popular).

quando hoje se constata que um país e seu povo só são realmente ricos se essa riqueza encontra justa correspondência na mais afortunada educação e cultura de sua gente, educação com inclusão social, sem abismos e preconceitos nas diferenças que separam as pessoas.

Curioso é que tudo principiou em uma simples fila de atendimento na agência bancária do Banestes, em Mimoso do Sul, Lá estava eu, em fins de 2004, à espera de ser atendido, quando duas primas da cidade, dedicadas professoras do Grupo Escolar Monteiro da Silva – Iara dos Santos Machado e Fátima Ugati –, me solicitaram uma possível palestra, um encontro com alunos e professoras do Grupo Escolar, a ser agendado para o ano seguinte, no intuito de conversarmos sobre literatura e educação.

Nascido e educado em Mimoso do Sul, homem de letras e escritor, evidentemente coloquei-me à disposição das duas professoras. Que marcassem a data, pois podiam contar comigo, sendo o sugerido por elas uma satisfação para mim, uma feliz honra. Eu me alfabetizara no Grupo Escolar Monteiro da Silva e trazia comigo as mais agradáveis lembranças da instituição de ensino e de minhas antigas mestras. Decerto é que tudo em mim devia muito ao que aprendera, quando criança, no Monteiro da Silva.

Eis que de repente, na hora, alcançou-me abençoado sonho. Em vez de palestra ou encontro comigo, por que não uma feira de livros em Mimoso do Sul, no próprio Grupo Escolar Monteiro da Silva, a exemplo modesto das bienais de literatura acontecidas nos grandes centros urbanos do país. Não custava sonhar. Dos bons sonhos sempre alcançamos a melhor realidade.

Se a princípio a proposta nos pareceu demasiado ousada, verdade é que, transpondo o aparentemente impossível, já em agosto de 2005 a sonhada feira literária tornou-se viva realidade, graças à crença e ao empenho de professores, funcionários, alunos e pais de alunos do Grupo Escolar Monteiro da Silva.

Em São Paulo, onde vivo e trabalho, contatei algumas importantes editoras do país que se dispuseram a apresentar, na feira, os seus livros em *stands* com ofertas de obras e descontos nos preços para o povo da cidade.

Em Mimoso do Sul, com a alegria de quem faz a coisa certa, as professoras do Grupo Escolar cuidaram de montar eventos – tipo teatro, coral, exposições com trabalhos dos alunos, apresentações musicais, mostra de livros de escritores mimosenses, etc. – que se somaram com precisa qualidade ao que aconteceu no decorrer da feira literária.

Vale aqui também ressaltar a preciosa valia que foi para a concretização da feira o que aprendeu a professora Betania Brum na Oficina Literária Passaporte para a Leitura, realizada no ano anterior em Vitória, sob a coordenação da bibliotecária Lucia Maroto, da Secretaria de Educação do Estado.

Verdade é que essa somatória de esforços foi devidamente recompensada pelo entusiasmo de todas as camadas sociais do povo da cidade que apoiou e se fez presente nas múltiplas realizações do evento. Assim a feira literária de Mimoso do Sul, em agosto de 2005, tornou-se feliz festa cultural da comunidade, confirmando com justiça que o melhor do Brasil é o povo brasileiro.

Festa cultural que se repetiu em 2006, numa proporção de maior expressividade, com a participação mais empenhada da Prefeitura do município, de escritores de outros municípios do estado, de pessoas que vieram de outras cidades para visitar a feira literária, agora consagrado acontecimento anual no calendário oficial de eventos culturais em Mimoso do Sul.

Decerto um bom sonho que se fez valioso exemplo de crença e esforço cultural para as demais cidades do Espírito Santo, a favor do desenvolvimento da educação, da inclusão social inspirada na inteligência e no justo rumo de um Brasil para todos os brasileiros.

Não há porque negar. Bons sonhos sempre nos conduzem à melhor realidade.

Festa da literatura e da leitura em Mimoso

DEPOIMENTOS DO PROFESSOR FRANCISCO AURELIO RIBEIRO[6]

Volto a Mimoso do Sul, após mais de 40 anos em que lá estive pela primeira e única vez. As montanhas são as mesmas, os belos

---

[6] Francisco Aurélio Ribeiro é doutor em Literatura, presidente da Academia Espírito-Santense de Letras, professor universitário e escritor com mais de 40 livros publicados.

maciços graníticos dentre os quais se destacam os Pontões, antigos pontos de referência e sítios de moradia dos meus ancestrais, o povo Puri, exterminados pelos últimos bandeirantes paulistas que se apossaram de suas terras férteis, plantaram café e ali construíram suas fazendas, às margens dos rios piscosos de outrora. [...].

Pouco resta da Mimoso que conheci menino, terra de minha mãe, de minha avó, nascidas em Conceição do Muqui, e que também se chamavam "da Conceição", sobrenome herdado de meu bisavô, herança de antigas ascendências de negros e de puris, batizados cristãos. O trem não traz mais o movimento do passado na antiga Praça da Estação. As árvores não existem mais, na mesma praça. Restaram poucos casarões.

Acordo com o pio de aves diversas que comem sementes das poucas árvores que ainda restam às margens do rio de águas minguadas. Os operários da Prefeitura fazem um esgoto que, inevitavelmente, desaguará no rio. É este o preço do progresso? Mas é hora de ir para a Escola Estadual Monteiro da Silva, que vive a sua Feira Literária. Foi para isso que vim, não para reviver passados e confrontar presentes. Iara, a gentil diretora, me recebe à porta da escola, que, durante três dias, vive uma festa do livro, da leitura e da literatura. Chego junto com crianças da zona rural, bonitas e bem-nutridas, e logo me enturmo com outras fantasiadas de personagens das histórias e poemas infantis. Um príncipe corre ao lado de um lobo mau, lindas princesas e fadas passeiam de mãos dadas, pedindo autógrafos aos autores presentes. Um São Francisco simpático me abraça, carinhosamente, e declama, na ponta da língua, o poema de Vinícius de Moraes. A arca de Noé está toda presente. Um coral de crianças sufocadas em becas pretas canta, lindamente, as cantigas de Toquinho. E uma linda aquarela tinge um sol amarelo naquela manhã de anil. E não descolorirá.

Cada sala tem uma surpresa. Nos corredores se homenageiam escritores mimosenses, da pioneira Maria Antonieta Tatagiba ao dinâmico e prolífico jornalista-escritor José Arrabal, dos dias atuais. Na sala de conto de fadas, príncipes e princesas, bruxas e fadas, ao lado de Chapeuzinho e João e Maria, ensinam que "ler é um prazer", desde pequenininho. Os menores recitam parlendas, poemas, adivinhas, ensinam receitas. As professoras da 3ª série, emocionadas, contam como alfabetizaram a turma com bordados de letras, palavras, o nome próprio até chegar à colcha com poemas para brincar, de José Paulo Paes. "Foi duro, professor, superar o preconceito dos pais, mas nós vencemos." Toalhas e caminhos de mesa bordados pelas crianças estão expostos com palavras-chave, formando um abecedário que jamais será esquecido: Amor, Beleza, Carinho, Dedicação, Emoção, Fantasia, Generosidade... até Zelo. PROLER, Letramento, Programa Ler e Saber fizeram discípulos. Urge retomá-los.

Os maiores, de 5ª a 8ª série da Escola Estadual Antonio Acha, apaixonados pela professora Sabrina, leem e recriam os textos de Ana Maria Machado, Ruth Rocha, Machado de Assis e deste humilde escriba, representando os escritores capixabas. Leonardo Riguetto, 13 anos, 7ª série, escritor em potencial, me recebe com uma crônica de sua autoria "É difícil ler, capixabas", cujo tema é "a dificuldade de se encontrar um livro de escritor capixaba". E as crônicas publicadas em jornais, condenadas à efemeridade de sua existência, imortalizam-se em painéis, jogos, recriações dos alunos motivados pela professora nota mil. Emocionado, sou convidado por um Machadinho de Assis a assistir a uma paródia do *Alienista*, a uma encenação de *Dom Casmurro*. Iara me convida a bater um papo com as professoras. Sentamo-nos à mesa para um almoço entre irmãos. Estamos todos unidos pelos mesmos ideais: acreditamos no poder da leitura para formar leitores-cidadãos, que enxergam o mundo em que vivem. Somos todos discípulos de Paulo Freire, hospedeiros da utopia. Acreditamos num mundo mais justo, mais fraterno, realizando nosso trabalho de educadores, de semeadores da esperança. Nada tenho a ensinar para eles, Iara, só a compartilhar a realização de que a "Utopia é um país habitável" (Deny Gomes).

Biblioteca solidária: quando a leitura ultrapassa os limites da escola

TÂNIA CRISTINA FÍGARO ULHOA[7]

UBERABA/MG

Uma biblioteca escolar, um grupo de alunos, uma professora, uma escola pública do município de Uberaba, Minas Gerais, no Triângulo Mineiro, Brasil.

Sou uma professora apaixonada por livros e pelo delicioso ato de ler. Escolhi como profissão e professo até hoje a Língua Portuguesa e a Literatura. Estou nessa lida por cerca de 25 anos.

Como professora, busco aprimorar-me e dedico-me a incentivar a ler todas as pessoas que me cercam. Meu nome é Tânia Cristina Fígaro Ulhoa e passo a relatar uma experiência com leitura, que mudou para sempre a vidas das pessoas envolvidas num projeto denominado Biblioteca Solidária.

Nos anos 1990, sempre participava de todos os cursos de capacitação docente e envolvia-me em tudo o que o município oferecia de atividades culturais para manter-me atualizada e ampliar as possibilidades pedagógicas na escola e junto à comunidade que ficava no entorno desta.

Em 1997, surge em Uberaba, trazido pelas mãos e ideais da professora Vânia Maria Resende, o Programa Nacional de Incentivo à Leitura (PROLER), um programa abrangente e que preencheu naquele momento todos os participantes do desejo de formação leitora, com uma força intensa, pois os envolvidos também eram apaixonados pela proposta de incentivar a leitura com prazer, com fruição e com desejo de ler mais e mais.

---

[7] Tânia Cristina Fígaro Ulhoa é graduada em Letras: Português/Inglês e suas Literaturas. Pós-graduada em Educação. Integrante do departamento de Programas e Projetos Especiais da SEMEC/Uberaba/MG. Professora da Universidade Presidente Antônio Carlos (UNIPAC) – Uberaba. Pesquisadora associada da RELER – Rede de Estudos Avançados em Leitura da Cátedra UNESCO de Leitura da PUC-RIO. Integrante da diretoria da SABI – Sociedade Amigos da Biblioteca Pública. Coordenadora do Comitê do PROLER Vale do Rio Grande/MG.

A partir dos cursos e oficinas que eram realizados pelo PROLER ocorreram mudanças significativas no trabalho com a leitura no município, e comigo não foi diferente. Logo, descortinaram-se oportunidades de reflexão, aperfeiçoamento e ideias de atuação inovadoras com a promoção da leitura na sala de aula, na biblioteca e na comunidade.

Desde 1996 eu atuava como coordenadora de biblioteca escolar na Biblioteca Comunitária Professor José Tomaz da Silva Sobrinho, que pertencia à Escola Municipal Santa Maria. Esse espaço recebia muitos alunos em horários extra-aulas para pesquisas, leituras diversas e alguns se prontificavam a ser monitores alguns dias na semana e auxiliavam na organização e dinamização do setor. E nela eu atuava como professora coordenadora de projetos de leitura. A realidade desses alunos era difícil e havia poucos recursos para a promoção da cultura no bairro, sendo a escola o principal difusor de qualquer acontecimento nessa área.

Em 1998, num diálogo fortuito com alunos do ensino fundamental, que eram assíduos frequentadores do espaço, surgiu entre eles um questionamento sobre se não poderiam levar os livros da biblioteca para pessoas que não tinham como se deslocar até ela. A iniciativa dos alunos acendeu uma luz, uma nova perspectiva de ação com leitura, a partir do acervo daquela biblioteca de bairro. Nascia, naquele dia, a partir daquele diálogo, o Projeto Biblioteca Solidária.

Em fevereiro de 1998, o projeto iniciou-se com a proposição de leituras extraescolares realizadas por alunos voluntários em domicílios e/ou instituições assistenciais diversas. Dentre os principais objetivos dessa iniciativa, destacavam-se o incentivo a atitudes autônomas, voluntárias e solidárias; além do incentivo à prática de leituras nas diferentes situações que elas exigem do indivíduo. Esse projeto transformou-se em uma atitude de jovens entre 10 e 15 anos e perdurou até 2001, e, para alguns alunos, além dos anos de escolaridade, conforme relatos recentes de alguns deles.

Essa vivência perdurou por alguns anos na escola, enquanto estive à frente da coordenação, mas, hoje, temos notícia de sua realização em perspectivas diferentes, ampliadas e adequadas ao contexto de outras localidades. O projeto foi desenvolvido em domicílios e em três instituições assistenciais para idosos da cidade de Uberaba. Essa iniciativa de leitura, a partir da biblioteca escolar, demonstrou que é possível desenvolver hábitos e interesses de leitura em jovens adolescentes e, ao mesmo tempo, atraí-los para o verdadeiro exercício de sua cidadania – ser solidário, ser humano.

Acreditando no valor da leitura, seu potencial em aquisição e manutenção de conhecimentos científicos elaborados e da cultura de um povo, é que cremos na função social que o ato de ler possibilita a cada indivíduo e foi assim que o projeto foi pensado e realizado. Faço uma breve descrição das etapas de seu desenvolvimento com a esperança de que outras pessoas sintam-se motivadas a realizarem ações e a gerarem oportunidades para a leitura aproximar pessoas e cumprir seu papel social na comunicação.

Observando o acervo da biblioteca da escola e a sua funcionalidade como comunitária, verificou-se a necessidade de divulgação do material ali existente. E, assim, torná-lo acessível a pessoas deficientes físicas, com problemas de locomoção, analfabetas e/ou idosas. Também, pensou-se em aproximar os jovens (alunos) da comunidade a que pertencem com um papel definido e atuante de função sociocultural, além de aprimorar as suas estratégias de leitura, preparando-os para interagirem em seu meio social.

Iniciou-se, esse trabalho, com um grupo de cerca de oito jovens que, percebendo uma situação de pouca utilização do acervo, levaram ao conhecimento da coordenação da biblioteca que não havia muitas pessoas interessadas em livros nas casas, mas que havia um local, próximo à escola, uma casa de assistência a idosos que eles queriam visitar e saber se as pessoas que ali moravam gostariam de ter este acesso à leitura.

Primeiramente, os alunos mantinham contato com a instituição ou domicílio, levavam um documento da escola que apresentava o projeto e os alunos e que permitiria a entrada destes no local. Depois, realizava-se um levantamento de dados sobre quem estava impossibilitado de ir à biblioteca e que queriam receber revistas, jornais e livros de literatura. Era uma proposta que exigia cooperação, paciência e perseverança de todos os envolvidos.

Cada aluno integrado ao projeto revelava-se uma vitória da sociedade que ganhava um novo cidadão e a perspectiva de tornar-se mais harmoniosa e mais justa. E a presença de adultos voluntários também ocorreu, ainda que de forma tímida, mas muito gratificante. Para citar como exemplo: um disciplinário da escola envolveu-se nas atividades e realizou visitas regulares a uma das instituições para idosos.

A partir desse momento, o projeto caminhou com uma velocidade incrível, pois, quanto mais os jovens iam até o Lar da Caridade, mais idosos queriam a presença deles e da leitura que levavam. E mais jovens queriam participar do projeto. A dinâmica era flexível e, além dos livros, das revistas de variedades ou temáticas, os internos solicitavam que os jovens lessem para eles (muitos internos tinham baixa visão, ou deficiência visual total; eram semianalfabetos ou analfabetos; e alguns eram muito limitados quanto à percepção da realidade) poesias, contos e causos, e todos eram unânimes em querer a presença daqueles meninos e meninas leitores. Assim, de agentes, mensageiros de leitura, os alunos passaram a mediadores, e suas ações originaram outras sempre com o livro e a leitura em destaque.

Alguns critérios foram estabelecidos pela coordenação do projeto para escolher e valorizar o aluno leitor voluntário. Cada integrante precisava ser aluno da escola; ser uma pessoa alegre, educada e que demonstrasse respeito pelas pessoas em todos os aspectos; ser assíduo às aulas; mostrar atitudes positivas em relação ao estudo, ser responsável, ser afetivo.

Após a autorização dos pais ou responsáveis, cada aluno participante tinha a liberdade para escolher quem ou quais pessoas ele atenderia. Organizados em grupos ou duplas, os alunos reuniam-se comigo para uma entrevista sobre suas possibilidades no projeto. E, só, depois, levavam a entrevista-sondagem a cada pessoa que poderia ser atendida pelo projeto. A entrevista-sondagem apresentava uma identificação da pessoa a ser assistida, o seu interesse em ser atendido, grau de escolaridade e preferências em tipos de leitura.

Aqui surgiu a primeira observação de suma importância – alunos com familiares analfabetos ou semianalfabetos interessados em ampliar e adquirir mais conhecimentos foram prontamente inseridos dentro da proposta do projeto. Exigindo, apenas, uma adaptação a essa realidade dos alunos com um atendimento especial ao aluno que desenvolveria essa atividade com o apoio pedagógico necessário (livros adequados e algumas técnicas possíveis de serem aplicadas).

Por ser um projeto aberto, a população-alvo podia variar de acordo com a necessidade da comunidade. Reuniões sistemáticas eram realizadas com os alunos para o acompanhamento da atividade em horários alternados – turno matutino vinha à biblioteca no turno vespertino, e turno vespertino vinha antes de iniciar as aulas do respectivo turno para não atrapalhar o horário normal das aulas. Com a entrevista já realizada, iniciava-se o projeto em si com considerações importantes: seleção cuidadosa dos livros e/ou materiais a serem levados pelo aluno era feita conjuntamente (coordenador e aluno) para que o aluno percebesse a importância de selecionar algo para alguém (relação interpessoal).

Para o atendimento a idosos e deficientes, era preciso passar para o aluno que há situações difíceis que talvez ele tivesse que enfrentar como: falecimento da pessoa assistida por ele, problemas de saúde, desistência em participar do projeto – todas situações normais da vida. Em todas essas situações difíceis dentro do projeto, ele deveria demonstrar educação, respeito e ser gentil. Paciência, dedicação, respeito, responsabilidade e afetividade foram trabalhados em todas as reuniões com os alunos, ora em grupos, ora individualmente.

A liberdade na construção de outras atividades: o aluno era incentivado a ser criador de situações; de atividades pedagógicas envolvendo o lúdico e o artístico (exemplos: trabalhos artísticos de colagens, cruzadinhas, dobraduras, pinturas, contar "causos", piadas, etc.).

A atitude em ser voluntário: cada aluno era conscientizado de que ele estava livre para participar ou deixar de participar do projeto desde que não ocorresse prejuízo a quem ele estivesse atendendo. Porém, o aluno tinha a responsabilidade de preparar a pessoa atendida caso ele não pudesse ou não quisesse participar do projeto. Promovia-se aqui a substituição desse aluno por outro já participante ou que quisesse participar, e o processo era todo revisto passo a passo com o novo integrante.

A avaliação do projeto: consistia em, conjuntamente com a coordenação do Projeto e alunos participantes, os pais e os idosos registrarem seus depoimentos e observações a cada visita e atendimento realizados. Havia também uma autoavaliação dos alunos para que fizessem novas propostas ou sugestões para o aperfeiçoamento da ação. Por último, ocorria uma avaliação geral por parte da direção, supervisão, coordenação do Projeto e auxiliares de biblioteca.

Essa iniciativa recebeu o 2º lugar no IV Concurso Melhores Programas de Incentivo à Leitura junto às Crianças e Jovens de todo o Brasil, em 1999, e a escola recebeu 300 títulos novos para a biblioteca. O prêmio pela Fundação Nacional do Livro Infantil e Juvenil (FNLIJ) e PROLER/Casa da Leitura/RJ. Desde 2001, está inserido no Banco de Ações Educacionais (BAE) do Ministério da Educação (MEC), em Brasília/DF.

Transcrevo aqui, para que a chama que manteve vivo o projeto seja levada a cada leitor deste relato, alguns depoimentos de alunos e pais:

A importância da biblioteca solidária

Por Thiago V. L. – 6ª A – matutino

Para mim este projeto em si, é muito importante, pois trata-se de ajudar aos senhores e senhoras mais idosos que, às vezes não têm familiares ou têm, só que seus familiares não querem que eles fiquem próximos e, por isso, ou por outros motivos os mandam para os chamados "asilos" (significa = asilar algo, isolar).

O nosso papel é este, ocupar um pequeno espaço na vida do idoso, fazer leituras, acompanhá-los, conversar com eles sobre assuntos que os interessam.

O "biblioteca solidária" é totalmente voluntário e serve como um filtro, que elimina a todas as pessoas más, ambiciosas e interesseiras que procuram ganhar dinheiro às custas dos outros, porque este trabalho é sem nenhum interesse econômico. A gente, que faz parte deste projeto, nos sentimos com a alma purificada em paz com Cristo, pois achamos este projeto lindo e bendito.

Dá para perceber a alegria dos senhores e senhoras na hora da nossa chegada, o sorriso aberto e muito mais.

Biblioteca Solidária

Por Carlos A. C. L. – 8ª A – matutino

Gosto de ajudar as pessoas, não só por ajudá-las, mas para compreendê-las e dar um pouco de carinho. Além disso, é um meio de me preparar para vida lá fora. História que os idosos contam para mim de sua história, de seus desafios é que vão me ajudar a entender um pouco mais da vida. Acho um projeto muito bom e interessante, espero que o que estou fazendo aqui sirva de exemplos para outros alunos e jovens da minha idade que vão em asilos para dar um pouco de amor e carinho. O que vale é a boa vontade de estar ajudando por prazer e solidariedade próprio. Estou há um ano e alguns meses neste projeto e estou percebendo que mudei muito em meu modo de pensar e agir.

Biblioteca Solidária

Por William F. A. Jr – 8ª D – vespertino

Eu, William, resolvi entrar para o projeto a partir do momento em que descobri que íamos nos asilos fazer leitura para os idosos, para aqueles que não sabiam ler; entrei no projeto porque quando a minha bisavó era viva eu lia para ela as notícias de revistas e jornais. Eu não acho só interessante, mas muito importante, pois um dia nós também seremos idosos, velhos e talvez também iremos para um asilo e se isso acontecer e caso a gente não tenha alguém para conversar ou ler uma reportagem de jornal ou revista para nós, eu ficarei muito triste.

Por Acácia Couto da Silva – Mãe de dois alunos voluntários:
Renata (5ª A) e Carlos Antônio (8ª A)

Acho um trabalho muito bom, que facilita às pessoas que não podem se locomover ou ir até a biblioteca. Para mim foi muito bom, pois tenho criança pequena e não tenho tempo para sair. E eu gosto muito de ler. Acho que o projeto Biblioteca Solidária deve continuar e que os alunos de 5ª série, principalmente, devem participar, pois assim terão quatro anos para continuar o trabalho e aprimorar-se nesse projeto.

Assim, encerro este relato, lembrando que a leitura pode aproximar pessoas, ampliar as possibilidades de expressão oral e escrita desses jovens e, certamente, tornar-se um hábito na vida de cada um deles, mas, mais que isso, tornar-se um gosto imenso pelo ato de ler que perdure para sempre. A felicidade, no caso desse projeto, é que o apoio dos pais, da escola e das instituições foi muito bom e pudemos realizar, mesmo que por tempo limitado, uma ação produtora de leituras e leituras.

Leitura na praça e na escola

ANA MARIA RÖPHE DA SILVA[8]

CARLOS ALBERTO DO NASCIMENTO[9]

SANTA LEOPOLDINA/ES

O município de Santa Leopoldina está localizado na Região Serrana do Espírito Santo, a cinquenta quilômetros de Vitória, capital do Estado.

Em 1993, por intermédio da Secretaria Municipal de Educação, o município integrou-se ao Comitê Estadual do Programa Nacional de Incentivo à Leitura (PROLER), fortalecendo e ampliando, assim, as atividades de leitura que já vinham sendo desenvolvidas junto ao público escolar e à comunidade em geral.

A partir de 1997, iniciamos o desenvolvimento do Projeto Leitura na Praça e na Escola, através da Secretaria Municipal de Educação, que foi elaborado pela equipe pedagógica e os integrantes do comitê municipal do PROLER, sob a coordenação da secretária municipal professora Ana Maria Röphe da Silva, com o propósito de participar de projetos financiados pela Fundação ABRINQ/Programa Crer para Ver, tendo o mesmo sido premiado e contemplado pela instituição promotora do evento, com recursos financeiros para aquisição de acervos literários para as escolas municipais de ensino fundamental e a formação de mediadores da leitura (professores e outros profissionais) para atuarem no desenvolvimento do Projeto.

As três ações discriminadas a seguir, propostas pelo Projeto Leitura na Praça e na Escola, abrangiam e envolviam os mais diversos segmentos e espaços sociais do município:

---

[8] Ana Maria Röphe da Silva é professora de Língua Portuguesa no curso de Pedagogia da FARESE (Faculdade da Região Serrana), em Santa Maria de Jetibá e professora aposentada na Rede Estadual de Ensino. Foi secretária de educação do município de Santa Leopoldina até dezembro de 2008.

[9] Carlos Alberto do Nascimento é bibliotecário, coordenador da Biblioteca Pública do Município de Santa Leopoldina e responsável pela Biblioteca da FARESE (Faculdade da Região Serrana) em Santa Maria de Jetibá.

- **Leitura na Praça** – realizada na praça da cidade, nas tardes de domingo, com a participação de aproximadamente 100 crianças da comunidade, de todas as idades, com as quais eram desenvolvidas diversas práticas leitoras, tais como: contação de histórias e atividades que envolviam a exploração dos livros (teatro, dramatização, música, reescrita, ilustração de histórias, etc.). Havia, inclusive, a participação dos pais;
- **Ler por Prazer e para Buscar Conhecimentos** – desenvolvida através de cursos e de outras atividades de incentivo à leitura e de valorização do espaço da biblioteca, com a participação e envolvimento dos professores de ensino fundamental da Escola Estadual Alice Holzmeister;
- **Mascate da Leitura** – proposta com o objetivo de subsidiar o trabalho dos professores das escolas da zona rural, através da aquisição e distribuição de livros de literatura infanto-juvenil e informativos e o desenvolvimento de atividades de incentivo à leitura, sob a coordenação do bibliotecário Carlos Alberto do Nascimento, que percorria mensalmente todas as unidades escolares do município, promovendo o remanejamento dos acervos bibliográficos e a sua dinamização junto aos professores e alunos.

Antes de dar início às atividades do Projeto, realizamos um curso de formação de mediadores da leitura com a participação de todos os profissionais envolvidos no seu desenvolvimento: professores, bibliotecários, e técnicos do departamento pedagógico e do Comitê Municipal do PROLER, em escolas, bibliotecas e outros espaços de atendimento ao público infantojuvenil.

O curso, com carga-horária de 80 horas, foi realizado em duas etapas, proporcionando aos participantes momentos prazerosos e significativos de contato com a produção literária infantojuvenil, a leitura e a discussão de textos teóricos, socialização de experiências e o desenvolvimento de atividades práticas, possibilitando a integração das múltiplas linguagens e a ampliação do repertório literário do público envolvido, aproximando, assim, teoria e prática na produção da leitura e do conhecimento.

As ações do Projeto Leitura na Praça e na Escola foram desenvolvidas até o ano 2000.

Em 2007, iniciamos um outro projeto de leitura, denominado Hora do Conto, em quatro escolas localizadas na zona rural do município, que integrou o Projeto Criança Atendida Lição Aprendida, financiado pelo município de Santa Leopoldina e pelo Programa Amigo Real do ANRO Real. Foram implementadas salas de leitura com o patrocínio do referido Programa e uma parceria entre as Secretarias Municipais de Educação; de Trabalho, Desenvolvimento e Ação Social; Cultura e Turismo e o Conselho dos Direitos da Criança e do Adolescente.

Adquiriu-se um acervo infantojuvenil, em média, seis livros por aluno, incluindo a educação infantil e dois profissionais da educação e cultura: eu, Carlos Alberto do Nascimento, que sou bibliotecário, e a professora Eliamara Evito Ribeiro desenvolvemos ações nas escolas e na praça, um resgate do Leitura na Praça.

Outro espaço que vem sendo utilizado para a dinamização da leitura em Santa Leopoldina é a Biblioteca Pública Municipal, da qual sou o bibliotecário responsável e que, juntamente com a professora Eliamara, a partir de 2008, iniciamos o desenvolvimento de atividades com alunos da rede pública de ensino, que são recebidos numa tenda anexa à biblioteca, ornamentada com painéis apresentando os personagens do Sítio do Pica-Pau Amarelo, cartazes sobre Monteiro Lobato, vários balões pendurados contendo frases de incentivo à leitura e estandes com livros diversos.

Num primeiro momento, os alunos são incentivados a tecerem comentários sobre as frases e os painéis expostos na tenda. É um momento em que eles acabam refletindo sobre a importância da Leitura.

No mês de janeiro realizamos um trabalho com o livro *A Arca de Noé* de Vinícius de Moraes, com as crianças do CEMEI São Francisco de Assis, no período de férias dos professores e alunos de 1ª e 2ª séries da EEEFM Alice Holzmeister, tendo como objetivo sentir a linguagem sensorial da poesia (ver, ler, ouvir e tocar), transportando as crianças para a fantasia poética de Vinícius de Moraes.

Para a motivação, foi explorado um cartaz com a ilustração da arca de Noé (desenho na folha de papel cenário pintado com guache, com uma abertura em toda a extensão da arca). Os alunos foram incentivados a contar a história da arca de Noé. Houve em seguida a apresentação do livro de Vinícius de Moraes, com breves comentários sobre o autor. Algumas poesias foram lidas e comentadas com a utilização de cartazes e um CD, numa escolha prévia, as Poesias: "O pato", "A foca", "O pinguim" e "A pulga" foram contadas e dramatizadas com a participação das crianças.

Além da exploração do objeto livro, outras atividades, como desenho, pintura, modelagem e produção de textos (frases, poesias, histórias e músicas) sobre animais, foram desenvolvidas pelos alunos e ao final cada um apresentou o seu animal e colocou na arca.

Essas atividades têm sido desenvolvidas periodicamente. No mês de abril recebemos os alunos de 1ª a 4ª série da EMPEF Caioaba, localizada na zona rural do município. Realizamos um trabalho de leitura e exploração da obra *Abro ou não abro* de Helena Armond.

A apresentação do livro foi feita mediante uma explanação sobre a autora e o tipo de trabalho que ela realiza com o livro (livro enigmático, imagens simbólicas, que vão formar junto com as palavras uma história visual). No caso da obra citada, a primeira atividade desenvolvida foi a exploração da capa que tem o formato de uma janela. Cada aluno recebeu uma janela para desenhar e pintar o que imaginava ter ao abrir a capa do livro. Ao terminarem o trabalho, apresentavam para os demais participantes e colocavam sua janela num painel em forma de casa.

Outras atividades são exploradas e desenvolvidas a partir de cada obra selecionada por nossa equipe, para apresentação aos alunos que frequentemente recebemos nesse espaço. Eles também têm a oportunidade e liberdade de escolher e ler os livros expostos nos estandes.

Apresentamos a seguir alguns relatos de professores sobre as atividades de leitura desenvolvidas no município:

> No dia 15 de abril de 2008 a partir das 7 horas da manhã, 30 Alunos, juntamente, com as professoras da EMPEF Caioaba, participaram de diversas atividades desenvolvidas na Biblioteca Municipal coordenadas pelos Bibliotecários Eliomara e Beto, elaboradores do projeto da leitura.
>
> As crianças participaram de atividades interessantes e criativas, despertando nelas o gosto e interesse pela literatura infantil. Elas ouviram e leram histórias, representaram através da oralidade e desenhos, pintura e confecção de materiais que ficaram expostos.
>
> Esse projeto proporcionou aos alunos e professores muito entusiasmo e vontade de participarem de outros eventos. Desde já agradecemos pela oportunidade de participar dessa atividade.
>
> *Ivani Groner Xavier*
> *Rozineri das Graças S. Bromerschenkel*

> O Fórum de Educação Infantil, aconteceu em nosso município, Santa Leopoldina, nos dias 4 e 5 de junho de 2008, com a participação de vários municípios.
>
> Este Fórum foi um ótimo acontecimento, pois, participamos de palestras e oficinas. Eu, particularmente, preferi participar da oficina de "Contos de Literatura" com os oficineiros Carlos Alberto do Nascimento e Eliomara Evito Ribeiro, pois sinto a necessidade da literatura infantil e como trabalhar com livros em sala de aula.
>
> Durante a oficina os oficineiros conversaram com os professores sobre o trabalho que eles realizam no município com alunos da rede municipal e estadual do qual os meus alunos da 2ª série A da EEEFM "Alice Holzmeister" fazem parte. Houve alguns relatos dos professores e também alguns depoimentos. Os oficineiros apresentaram vários trabalhos e técnicas realizadas com os alunos. No final realizaram várias atividades com os professores utilizando um livro de literatura, e deram sugestões de como trabalhar com os alunos.
>
> O resultado foi ótimo, pois, eu já estou desenvolvendo um trabalho de literatura em sala de aula com sugestões dadas por eles.
>
> *Florisbela Hulle Ronke*

Concluindo este relato, queremos destacar, também, o trabalho de promoção da leitura realizado no presídio do município de Santa Leopoldina, no ano de 1996, pelo coordenador da Biblioteca Pública Municipal, através de empréstimos e indicação de livros por solicitação da população carcerária.

Letras de vida: escritas de si

Heleusa Figueira Câmara[10]

Vitória da Conquista/BA

O Programa Nacional de Incentivo à Leitura (PROLER) foi implantado na região sudoeste da Bahia, em 10 de janeiro de 1992, mediante convênio de cooperação cultural firmado pela Fundação Biblioteca Nacional (FBN), Universidade Estadual do Sudoeste da Bahia e prefeituras municipais de Vitória da Conquista, Jequié e de Itapetinga. O PROLER/UESB do *campus* de Vitória da Conquista é o comitê pioneiro do Programa no Brasil, e tem assegurado o seu espaço de relevância acadêmica e social, referendado por avaliações e depoimentos de participantes.

A grande importância do PROLER no Brasil tem sido a construção de rotas que incorporam ações para formação de leitores interessados em ir além do escrito, do estabelecido e do desejo. A leitura tem esse poder de transposição do texto para o encontro consigo mesmo, ou com o outro, em outros modos de vida. É uma cartografia a abarcar novos mapas, e que registra encontros, descobertas, reconhecimentos, esforços e a perseverança para o incentivo à leitura no país.

Dentre as ações desenvolvidas pelo PROLER/UESB, o projeto cultural e educativo Letras de Vida: Escritas de Si estimula práticas de leitura e escrita a neoescritores populares, colaborando para a organização, publicação e divulgação de produções textuais criativas, no campo da poesia, da narrativa, da memória e da autobiografia. É um trabalho contínuo, destinado a pessoas que não apresentam o domínio do código linguístico formal, mas que decidem escrever da maneira que sabem, fazendo valer o direito de falar, de contar, de dizer, de inventar e expressar ideias,

---

[10] Heleusa Figueira Câmara é coordenadora do PROLER/UESB – Universidade Estadual do Sudoeste da Bahia – *Campus* de Vitória da Conquista.

preservando a memória sociocultural, e preenchendo tantos espaços vazios da literatura.

Letras de Vida não estabelece restrições a separar os trabalhos intelectuais dos manuais. Pensar e agir são competências de todos nós. Para Sêneca quem escreve lê o que escreve, e faz, portanto, uma releitura.

Letras de Vida é o desdobramento de um trabalho que desenvolvi na Casa de Detenção (1989-1993) e no Presídio Regional Advogado Nílton Gonçalves (1993-2000) voltado para prisioneiros da Comarca de Vitória da Conquista. Em 1990, buscando minimizar a angústia do prisioneiro à espera da sentença, ou do processo em grau de recurso, sem outras pretensões, comecei a ouvir histórias de queixumes, a emprestar livros, a datilografar cartas-poemas que os presos escreviam para os juízes. Procurando atender aos interesses dos prisioneiros, levei livros e revistas bem diversificadas: *best-sellers*, literatura brasileira, livros de mistério, memórias, autobiografias, textos religiosos e de autoajuda.

Organizei um pequeno roteiro para entrevistar os internos sobre diversos assuntos. Após a entrevista, ouvia-se a gravação e depois era feita a transcrição. Essas entrevistas transcritas aumentavam a autoestima dos prisioneiros, pois eles se entusiasmavam com a escrita de suas impressões. Incorporei essas ações às metas do PROLER, surgindo, assim, o PROLER/Carcerário.

Em fins de 1992, Hélio Alves Teixeira e Rosieles Ramos Sales começaram a escrever poemas na Casa de Detenção, e, quando os devolvi datilografados e bem arrumadinhos, não podia imaginar a satisfação que estava proporcionando com essa pequena gentileza, e a dimensão do crescimento pessoal e das mudanças que ocorreriam na vida de tantas pessoas. Surgiram os encontros de orientação redacional e conversas sobre o texto, enfim, uma relação cordial com a escrita e a leitura; muito entusiasmo e boa vontade.

> Eu voltei a recorrer aos estudos e os livros se tornaram os meus melhores companheiros. Depois descobri, dentro de mim, algo que nem mesmo eu conhecia – a minha força de expressão. Passo dias inteiros e entro pela noite adentro me aplicando na escrita, não só para passar os meus dias, como também para buscar mais conhecimento. (SANTOS, 1998)

Muitas pessoas tomaram conhecimento da impressão de livros dos prisioneiros e, como também escreviam, pediam que os textos fossem datilografados, digitados, fotocopiados e, se possível, editados. Em 2000 o PROLER/Carcerário é renomeado para Letras de Vida: Escritas de Si, atendendo a presidiários, pedreiros, trabalhadores rurais, catadores de papel, pintores, estudantes, donas de casa e outros.

Os originais, comumente, são escritos à mão. A digitação do texto é muito trabalhosa, pela escrita fora dos padrões da norma culta, exigindo muitos encontros com o autor. É impressa uma cópia para correção do texto que é feita pelo revisor e autor. Para impressão de 200 exemplares, é preciso contar com doações de papel A4 com gramatura, 75mg, a fim de que a máquina de reprografia Risograf possa fazer as cópias com qualidade.

A prática da escrita assegura aos participantes do programa desenvoltura no processo redacional, ampliação do vocabulário, percepções do cotidiano mais aguçadas, e muita sensibilidade nas informações que expressam em seus textos. Para desenvolver esse trabalho, é necessário visitar presídios, associações de bairros, distritos e povoados da zona rural; aprender a escutar; incentivar o uso do discurso livre, criativo; estimular a leitura e a escrita; fornecer o material para a escritura; digitar o texto, ler e proceder à correção ortográfica; encontrar com os *neoescritores* para a revisão do autor; reproduzir o texto em máquinas de reprografia de boa qualidade; organizar o lançamento do livro; propiciar condições para que os livros sejam divulgados; informar aos neoescritores que a publicação do livro não assegura fama nem dinheiro.

A simplicidade na confecção do livro permite ao neoescritor a organização, por conta própria, de outras edições. Em todo esse tempo, a Escrita de Si apresenta 17 livros escritos na prisão e quatro publicados; dez escritos por trabalhadores de serviços informais e dois publicados.

O primeiro livro, *Ventaneira uma história sem fim*, de Hélio Alves Teixeira, publicado em 1996 e na 3ª edição, é um lindo e singelo livro-passaporte, a uma vida nova. *Parada da solidão: vida de caminhoneiro*, de José Raimundo dos Santos e *A sela da humilhação: versos em louvor a Deus*, de Avandro Desidério de Souza são novos caminhos para a vida depois da prisão. O pedreiro Ailton Dias teve dois livros publicados, a trabalhadora rural D. Aureliana Luzia de Carvalho, de 85 anos, publicou *Brasileiro apurado: lembranças de estiva*. O estudante e ex-lavador de carro Welligton Ferreira Machado publicou, em 1996, *Meu mundo poético* e há muitos outros livros aguardando o término do processo de correção e organização. Vale refletir sobre o que representa a leitura desses livros nas comunidades onde residem os neoescritores.

> Volto a afirmar que mesmo com o apoio de todos, foi preciso eu me esforçar muito. Eu me sinto honrado pela minha persistência, pois passei dias difíceis no cárcere, ao lado de um caderno, escrevendo o meu livro, o qual não foi em vão. Num dia de segunda-feira pela manhã, saí com um malote de livros para vender. Lembro que eu saí pelas ruas, batendo nas portas das residências, lojas, etc. Ali eu oferecia o livro e dava o meu testemunho. Creio que muitas pessoas, quando ouviam a minha história, se emocionavam e compravam, outras apenas por curiosidade. (TEIXEIRA, 1998)

E assim é possível divulgar vozes que de maneiras variadas estão silenciadas na sociedade, os acontecimentos diversos são preservados, a memória social do povo tem o referendo dos sentimentos e emoções de quem vive a vida na dura luta do dia a dia. E, assim, também, aprendo eu, aprende você, todos nós aprendemos a ver por dentro, a ler o outro, a reescrever a vida.

Referências

CÂMARA, Heleusa Figueira. *Além dos muros e das grades: discursos prisionais*. São Paulo: Ed. da PUC/SP, 2001.

SANTOS, José Raimundo dos. *Km 47; Parada da solidão; Vida de caminhoneiro*. Vitória da Conquista, BA: PROLER/UESB, 2006. (Série Letras de Vida.)

TEIXEIRA, Hélio Alves. *Ventaneira: uma história sem fim*. Vitória da Conquista, BA; Rio de Janeiro: UERJ, 1997.

Viagem pela literatura

ELIZETE TEREZINHA CASER ROCHA[11]

VITÓRIA/ES

Meu maior contato com a literatura teve início por meio de histórias orais contadas por minha família – meus avós e pais. Desde cedo os contos clássicos da literatura me fascinaram. Para que se torne uma prática, a leitura deve começar a ser sugerida ao indivíduo o mais cedo possível. Por isso, a casa, a família, os pais são os primeiros a incentivar a criança.

Ao iniciar minhas atividades como bibliotecária na Biblioteca Municipal de Vitória/ES, no final de 1981, fui em busca da utilização do lúdico, uma forma de proporcionar às crianças que lá frequentavam momentos de prazer e descoberta, ouvindo histórias por meio eletrônico e, após, colorindo os desenhos de personagens, denominada Hora do Conto.

Nos anos seguintes, participei de congressos brasileiros de biblioteconomia, seminários e outras atividades, sempre procurando aprender para poder contribuir com o aperfeiçoamento e desenvolvimento dos trabalhos ora realizados. E, ainda, a participação em vários módulos do Programa Nacional de Incentivo à Leitura (PROLER), em nosso Estado, principalmente das oficinas de contação de histórias, fortaleceram bem mais meu envolvimento com a leitura.

Sabendo que a leitura possibilita desencadear reflexões, além de contribuir para a formação da cidadania e do desenvolvimento humano, foi idealizado o projeto Viagem pela Literatura, realizado pela Biblioteca Municipal Adelpho Poli Monjardim da Secretaria de Cultura da Prefeitura Municipal de Vitória, desde o ano de 1994, que contabiliza hoje mais de 68 mil participantes e objetiva

---

[11] Elizete Terezinha Caser Rocha é bibliotecária e coordenadora do Projeto Viagem pela Literatura da Prefeitura Municipal de Vitória/ES, especialista em A Questão Social e as Políticas Sociais pela Universidade Federal do Espírito Santo (UFES).

promover a formação de leitores por meio de quatro atividades socioculturais distintas.

A primeira refere-se a apresentações teatrais baseadas em textos da literatura infantojuvenil, intitulada Viver o Livro ao Vivo e em Cores. Essa ação visa aproximar a criança e o adolescente do livro. Até o ano de 2007, foram realizadas 227 apresentações, com a participação de atores e de 19 grupos teatrais.

Com referência à segunda atividade, Encontro com o Escritor, as ações ocorrem por meio da interação de crianças e adolescentes com os autores. Ela permite que esse público tenha acesso ao processo criativo do livro, por meio do diálogo com o autor e a divulgação da literatura regional. Ao final, um contador narra as histórias dos livros do autor. Desde o início do projeto, participaram desse encontro 27 escritores capixabas, em 97 apresentações.

O Contador de Histórias, diz respeito à terceira atividade promovida pelo projeto. Participaram, do início em 1994 até o ano de 2007, 42 contadores de histórias e quatro grupos em 216 apresentações. As formas de apresentação são alternadas e definidas segundo o local e as circunstâncias.

A quarta atividade é a Oficina para Formação de Contadores de Histórias que visa reverter à constatação de Godoy (2004, p. 3) de que a literatura está perdendo espaço para a televisão. Desse modo, uma alternativa para a conquista de leitores é o encantamento por meio da contação de histórias. Os promotores de leitura são "apresentadores do mundo, responsáveis por encaminhamentos significativos, por revelações, por descobertas decisivas [...]" (ABRAMOVICH, 1997, p. 36), podendo oportunizar aos moradores da própria comunidade, professores e bibliotecários da rede municipal de ensino de Vitória, a continuidade de ações motivadas pelo projeto. Essa atividade foi incluída no projeto no ano de 2006, com a realização de quatro oficinas, envolvendo 104 participantes.

Desde o início das atividades realizadas na Biblioteca Municipal, o público-alvo maior é de escolas públicas do município de

Vitória. A participação até o ano de 2007 foi de 119 escolas, num total de 160, algumas participando várias vezes das apresentações.

Ao iniciar o desenvolvimento do Projeto nas comunidades em 2002, até o ano de 2007 foram visitados 53 bairros, tendo o mesmo retornado a alguns deles. As atividades, descritas anteriormente, em princípio eram desenvolvidas apenas na biblioteca. Paulatinamente, o foco e a abrangência do Projeto foram sendo ampliados. Hoje, ele se transformou em um instrumento de formação de leitores, de promoção da cidadania e inclusão social.

Constatou-se, desde o início do Viagem pela Literatura em 1994 até 2007, um público participante de 68.979, num total de 544 apresentações realizadas nas escolas, bairros e na Biblioteca Municipal Adelpho Poli Monjardim. Tem como suporte caixas-estantes com acervos de livros de literatura infantil, juvenil, geral e gibis para empréstimo e leitura, permanecendo nos bairros que não possuem biblioteca.

Para conquistar mais leitores, foi lançado, em 5 de setembro de 2007, o CD *Viagem pela Literatura: histórias infanto-juvenis* com a colaboração dos contadores de histórias que atuam no projeto desde 1994. As histórias são em sua maioria referentes à literatura e ao folclore regional, objetivando ser este mais um suporte de estímulo à imaginação das crianças para o universo da leitura, com distribuição gratuita a escolas, bibliotecas e público interessado.

Ainda em 2007, o Projeto Viagem pela Literatura participou da 2ª edição do Prêmio Cultura Viva do Ministério da Cultura, ficando entre os 120 semifinalistas na categoria Gestor Público, num total de 2.683 iniciativas inscritas, recebendo o certificado de semifinalista e o Selo Prêmio Cultura Viva, que é uma marca de reconhecimento.

O interesse por parte de algumas comunidades em possuir uma biblioteca comunitária foi tão contagiante que, após a visita do projeto, moradores doaram livros, fato que está sendo concretizado no bairro Jardim Camburi, Condomínio Atlântica Ville. Isso demonstra a visibilidade do público participante sobre a importância da leitura para a formação geral de um indivíduo e a sua capacitação para as práticas sociais, tais como: atuação política, econômica, educacional e cultural, além do convívio, seja na família, nas relações de trabalho, dentre outros espaços ligados à vida do cidadão.

A expressiva adesão do público, o aumento do empréstimo de livros, bem como da participação da família nas atividades, principalmente nas comunidades, é a demonstração de que o projeto Viagem pela Literatura, que já completa 15 anos de criação, pode mostrar a superação da "síndrome da descontinuidade" – que, no Brasil, frequentemente afeta as iniciativas de caráter público – e que vem proporcionando o acesso democrático aos livros de forma prazerosa. Muitas crianças, adolescentes e adultos que participam do projeto nunca foram ao teatro, nunca viram um ator, um escritor, nunca tinham ouvido uma história contada a partir de um livro. Hoje esse público descobriu que existe uma outra forma de manifestação cultural e tiram proveito disso. Eles estão lendo!

Nesse sentido, enfatiza-se que a democratização via o acesso gratuito à leitura e ao livro contribui para formar um cidadão crítico, reflexivo, participativo, conhecedor de seus direitos e deveres e que considera o direito dos demais no exercício da democracia, o que possibilitará a construção de uma sociedade menos desigual e excludente. Afinal, como nos diz Magda Soares (2004, p. 20), a "cultura é uma representação da vida social, fonte de informação e suporte para aquisição e elaboração do conhecimento, condição essencial para o exercício da cidadania e possível agente de conscientização".

Referências

ABRAMOVICH, Fanny (org.). *Meu professor inesquecível*. São Paulo: Gente, 1997.

GODOY, Célia. A formação do leitor. *Jornal da Biblioteca*, Curitiba, ano 1, n. 4, p. 3, dez. 2004.

SOARES, Magda. *Leitura e democracia cultural: pesquisas e práticas*. Belo Horizonte: Autêntica, 2004.

Considerações finais

> *Qualquer retrospectiva histórica voltada à análise da presença da leitura em nossa sociedade vai sempre redundar em aspectos de privilégio de classe e, portanto, em injustiça social. Quero dizer com isto que o acesso à leitura e aos livros nunca conseguiu ser democratizado em nosso meio. A tão-propalada "crise da leitura" não é uma doença destas últimas décadas e nem deste século: ela vem sendo reproduzida desde o período colonial, juntamente com a reprodução do analfabetismo, com a falta de bibliotecas e com a inexistência de políticas concretas para a popularização do livro.*
>
> EZEQUIEL THEODORO DA SILVA

A elitização da leitura e do livro e a prática da censura, que tiveram suas origens na Antiguidade, estenderam-se pela Idade Média e chegaram ao Brasil no início do período colonial, ainda nos dias de hoje são as principais responsáveis pela ausência da tradição bibliotecária, especialmente nas escolas públicas da rede oficial de ensino do país, frequentadas pelas camadas populares oriundas das classes trabalhadoras menos favorecidas.

Além disso, os altos índices de analfabetismo e as taxas de evasão e repetência que são produzidos e reproduzidos a cada dia, estão diretamente relacionados com a carência de bibliotecas e com a falta de políticas de promoção da leitura e de popularização do livro, com sérias implicações na vida social e intelectual brasileira. Esses fatores concorrem para a situação de miséria e ignorância em que vivem inúmeros segmentos da população, que, na luta por melhores condições de sobrevivência, não visualizam a leitura e o livro como elementos essenciais dessa luta, a serem reivindicados junto aos dirigentes governamentais responsáveis pela gestão da educação e da cultura deste país.

E, por falar em carência de bibliotecas, quero ressaltar que, no decorrer dos estudos e elaboração deste trabalho, constatei a importância da presença e participação dos educadores no processo de conquista do espaço da biblioteca, bem como na transformação desse espaço num "centro difusor e produtor da leitura e do conhecimento", tanto na escola quanto em outras instituições públicas e privadas.

Para que a biblioteca seja um espaço de promoção da leitura e esteja integrada a todas as atividades curriculares da escola, faz-se necessário que o bibliotecário exerça, junto aos professores, alunos e à comunidade em geral, um trabalho de sensibilização voltado para a valorização e difusão daquele espaço e dos recursos bibliográficos ali disponíveis. Além disso, numa ação conjunta entre esses profissionais e os demais segmentos da sociedade organizada, é preciso que sejam planejadas e desenvolvidas propostas inovadoras de prática e produção da leitura e do conhecimento, capazes de intervir no cotidiano da sala de aula; na reconstrução da escola pública e na sua reinserção na vida social brasileira.

Quero chamar a atenção desses profissionais, especialmente daqueles que estão à frente das bibliotecas públicas e escolares, para que façam uma reflexão sobre o papel da biblioteca na formação de leitores. Não basta ser apenas um administrador e organizador de acervos. É preciso buscar outros "espaços" e outras práticas de atuação e de intermediação entre a biblioteca e o leitor; entre o leitor e o contexto; entre a técnica e a promoção da leitura. Conforme alerta Moraes (1983, p. 29):

> É de bibliotecários verdadeiros que o nosso país precisa para resolver o seu problema. De que nos adiantariam escolas sem bons professores, hospitais sem médicos, aviões sem hábeis aviadores. Resumindo: o que julgo indispensável para resolver nosso problema é, antes de mais nada, bibliotecários verdadeiros, com preparo técnico e cultura à altura do cargo.

E, com relação à atuação dos cursos de Biblioteconomia, vale ressaltar a importância de que invistam mais na formação de "bibliotecários leitores" e "promotores da leitura". Hoje, todo e qualquer bibliotecário precisa estar consciente e preparado para receber e lidar com a demanda informacional produzida e processada pela sociedade capitalista, pois, como enfatiza a professora Eliana Yunes (1994, p. 10): "Sem uma população educada e informada não há perspectiva histórica, nem mesmo para o capitalismo".

Ainda com relação ao ensino e à formação do profissional da informação, Moraes (1983, p. 36) destaca:

> O bibliotecário precisa ter um mínimo de cultura geral. [...] Seria mais útil que nossas escolas ensinassem como pôr em ordem e fazer funcionar uma biblioteca antiquada, como enfrentar a realidade. Duas matérias parece-me que deveriam ser introduzidas com urgência: a de custos operacionais e a de bom senso.

Por outro lado, em se tratando de biblioteca escolar, o professor e os demais segmentos da comunidade escolar, dentre eles o bibliotecário já mencionado, são elementos fundamentais e indispensáveis na busca por novos caminhos e alternativas de sedução e de envolvimento dos alunos e de outros agentes sociais – quero destacar aqui a família – nas atividades de prática e de produção da leitura e do conhecimento. Caminhos e alternativas estas capazes de transformar a escola pública num espaço criativo, atraente e de acesso crítico às informações, enfim, um espaço político de exercício pleno da democracia e da cidadania.

A escola e a biblioteca só terão seus espaços legitimados, e um lugar de destaque junto à sociedade, se buscarem por essa integração, por esse trabalho de parceria com os demais segmentos da comunidade organizada. Caso contrário, como alerta Ezequiel Theodoro da Silva (1989, p. 27): "[...] continuarão, isoladamente, 'repousando em berço esplêndido' e eternizando o desgosto pela leitura [...]".

Waldeck Silva (1995, p. 106) destaca o lugar da biblioteca e a importância da integração e atuação da comunidade escolar frente às atividades que poderão ser desenvolvidas naquele espaço.

> [...] a biblioteca escolar precisa converter-se num centro de atividades da escola, rompendo aquela imagem de instituição parada à qual recorremos apenas quando temos dúvidas pontuais a dirimir ou trabalhos escolares a realizar. Núcleo de produção de textos, [...] palco de debates, promotora de concursos literários, etc.: a biblioteca pode ser o eixo de todas essas atividades, sempre pensadas e executadas pela comunidade escolar, e não apenas pelo bibliotecário.

Quero ressaltar, também, a atuação das instituições responsáveis pela formação de professores, que, muitas vezes, demonstram absoluto desinteresse pela dinamização da biblioteca e pela formação do professor-leitor. São esses futuros professores que atuarão nas séries iniciais da educação básica, tão inexperientes quanto reprodutores do discurso dogmático praticado na sala de aula e, em sua grande maioria, partidários da cópia de verbetes de enciclopédias e do castigo na biblioteca.

Chamo a atenção dessas instituições e desses profissionais para que juntos reflitam sobre a importância das práticas de difusão e de produção da leitura e do conhecimento na formação de uma sociedade mais crítica, consciente e justa. De cidadãos capazes de ler além da palavra escrita, leitores da vida, leitores do mundo. Como enfatiza o professor Francisco Aurelio Ribeiro (1996, p. 8): "Nós temos que educar as pessoas para diferentes leituras. A pessoa tem que ler o espaço urbano, a publicidade, a estética. A questão hoje é a do olhar. Antes, o grande recurso era a palavra. Hoje é a imagem".

Por fim, ao concluir este estudo sobre a biblioteca escolar – um tema tão pouco explorado e valorizado pelos pesquisadores brasileiros –, quero enfatizar a minha grande satisfação e prazer em divulgar algumas experiências significativas e inovadoras relacionadas ao desenvolvimento da leitura e da pesquisa, dentro e fora do contexto escolar.

Com relação às experiências relatadas, vale destacar que algumas foram iniciadas no decorrer da década de 1980 e fortalecidas a partir de 1992 com o desenvolvimento das ações do Programa Nacional de Incentivo à Leitura (PROLER) pelo país afora. Outras tiveram o seu início após a implantação desse Programa, que trouxe grandes contribuições para os profissionais da educação, professores, bibliotecários e outros interessados e envolvidos no processo de formação do leitor nas mais diversas instituições públicas e privadas, em todos os estados e municípios brasileiros.

Além disso, nesses últimos anos, temos constatado um grande interesse por parte das escolas, especialmente da rede pública, em implantar e dinamizar bibliotecas e outros espaços destinados ao desenvolvimento de atividades de promoção e difusão da leitura e do conhecimento, com o envolvimento da comunidade escolar e dos demais segmentos da sociedade organizada.

E, para aqueles que ainda não despertaram, ou que não resolveram assumir a luta pela democratização da leitura e a popularização do livro neste país, faço minhas as palavras do poema que ganhei do grande leitor e poeta, Rogério de Castro Lugon:

> Põe a mão nesse fogo
> Rebenta essa algema
> Não fecha teus olhos
> Ao melhor da cena.
> Destrava a taramela
> Solta da garganta
> Aquela palavra
> Que sempre te espanta:
> . Só de pensar
> . Só de sentir
> . Só de sonhar.

Referências

BRASIL. Lei n. 10.753 de 30 de outubro de 2003. Institui a Política Nacional do Livro. Diário Oficial [da República Federativa do Brasil], Brasília, DF, 31 out. 2003. Disponível em: <http://www.planalto.gov.br/CCIVIL/leis/2003/L.10.753.htm>. Acesso em: 15 out. 2007.

BRASIL. Ministério da Saúde. Secretaria de Educação Básica. Programa Nacional Biblioteca da Escola (PNBE): leitura e biblioteca nas escolas públicas brasileiras. Brasília, DF: Ministério da Educação, 2008. 130 p.

ANDRADE, Vanessa de. O templo dos livros: roteiro do tesouro. Nossa Biblioteca Nacional, a oitava do mundo. *R. Globo Ciência*, São Paulo, n. 3, p. 78-83, out. 1991.

CADERNOS DO MEC. Qualidade na educação. Brasília-DF: MEC, jun. 2006

CANFORA, Luciano. *A Biblioteca desaparecida: histórias da Biblioteca de Alexandria*. São Paulo: Companhia das Letras, 2001. 195 p.

CATEDRAIS de papel: uma viagem por algumas das melhores bibliotecas do mundo ajuda a entender por que o livro é a criação mais valiosa do homem. *R. Superinteressante*, São Paulo, n. 2, p. 50-57, fev. 1992.

CERDEIRA, Theodolindo. A biblioteca escolar no planejamento educacional. *R. Bibliotecon*. Brasília, Brasília, v.5, n.1, p. 35-43, jan./jun. 1977.

CHARTIER, Roger. *A ordem dos livros: leitores, autores e bibliotecas na Europa entre os séculos XIV e XVIII*. Brasília: UNB, 1994. 111 p.

CHARTIER, Roger. As revoluções da leitura no ocidente. In: ABREU, Márcia (org.). *Leitura, história e história da leitura*. Campinas, SP: Mercado de Letras; ALB; São Paulo: FAPESP, 2000. p. 19-31.

DEL CORRAL, Milagros. A cultura do escrito na era da globalização: qual futuro para o livro? In: PORTELLA, Eduardo (org.). *Reflexões sobre os caminhos do livro*. São Paulo: UNESCO; Moderna, 2003. p. 193-204.

DURO, Ivete Zietlow. Repensando os serviços bibliotecários para crianças e adolescentes no Brasil. In: CONGRESSO BRASILEIRO DE BIBLIOTECONOMIA E DOCUMENTAÇÃO, 16, 1991, Salvador. Anais... Salvador: APBEB, 1991, v.1, p. 294-303.

FERREIRA, Aurélio Buarque de Holanda. Novo dicionário Aurélio da língua portuguesa. Rio de Janeiro: Nova Fronteira, [s.d.].

FERREIRA, Maria Nazareth. A imprensa operária no Brasil: 1880 -1920. Petrópolis, RJ: Vozes, 1978. 163 p.

FLOWER, Derek Adie. Biblioteca de Alexandria: as histórias da maior biblioteca da Antiguidade. São Paulo: Nova Alexandria, 2002. 215 p.

FONSECA, Edson Nery da. A biblioteca escolar e a crise da educação. São Paulo: Pioneira, 1983. 19 p. (Manuais de Estudos)

FONSECA, Edson Nery da. Introdução à biblioteconomia. São Paulo: Pioneira, 1992. 153 p. (Manuais de Estudos.)

FREIRE, Paulo. A importância do ato de ler: em três artigos que se completam. São Paulo: Autores Associados; Cortez, 1984. 96 p. (Coleção Polêmicas do Nosso Tempo, 4.)

GARCIA, Edson Gabriel. A leitura na escola de 1º grau: por uma outra leitura da leitura. São Paulo: Loyola, 1988. 87 p. (Práticas Pedagógicas, 1.)

HERKENHOFF, Paulo. Biblioteca Nacional: a história de uma coleção. Rio de Janeiro: Salamandra, 1996. 263 p.

LABARRE, Albert. História do livro. São Paulo: Cultrix; Brasília: INL,1981.p. 109

LOURENÇO FILHO, M. B. O ensino e a biblioteca. 1ª Conferência da Série Educação e Biblioteca. Rio de Janeiro: Imprensa Nacional, 1944.

MACHADO, Sonia Luzia Coelho. Ler é um prazer. R. Você, Vitória, ES, n. 22, p. 18-20, abr. 1994.

MAN, John. A revolução de Gutenberg: a história de um gênio e da invenção que mudaram o mundo. Rio de Janeiro: Ediouro, 2004. 318 p.

MANGUEL, Alberto. A biblioteca à noite. São Paulo: Companhia das Letras, 2006. 301 p.

MARTÍNEZ, Lucila. Biblioteca & escola criativa: estratégias para uma gerência renovadora das bibliotecas públicas e escolares. Petrópolis, RJ: Autores & Agentes & Associados, 1994. 93 p.

MARTÍNEZ, Lucila. Escola, sala de leitura e biblioteca criativas: o espaço da comunidade. 3. ed. Petrópolis, RJ: Autores & Agentes & Associados, 1998.

MARTINS, Aracy Alves. Condições de mediação em bibliotecas e salas de leitura. In: PAULINO, Graça et al. (Orgs.). *Democratizando a leitura: pesquisas e práticas*. Belo Horizonte: CEALE; Autêntica, 2004. p. 58-59 (Coleção Literatura e Educação, 5.)

MARTINS, Maria Helena. *O que é leitura*. 11. ed. São Paulo: Brasiliense, 1989. 93 p.

MARTINS, Wilson. *A palavra escrita: história do livro, da imprensa e da biblioteca*. São Paulo: Anhembi, 1957. 549 p.

MARTINS, Wilson. *A palavra escrita: história do livro, da imprensa e da biblioteca*. 3. ed. São Paulo: Ática, 2002. 519 p.

MELO, José Marques de. Os meios de comunicação de massa e o hábito de leitura. *R. Leitura: Teoria e Prática*. Campinas, SP: ALB; Porto Alegre: Mercado Aberto, n. 2, p. 16-30, out. 1983.

MILANESI, Luis. *A casa da invenção: centros de cultura: um perfil*. São Paulo: Siciliano, 1991. 189 p.

MILANESI, Luis. *Ordenar para desordenar: centros de cultura e bibliotecas públicas*. 2. ed. São Paulo: Brasiliense, 1989. 261 p.

MILANESI, Luis. *O que é biblioteca*. 5. ed. São Paulo: Brasiliense, 1988. 107 p.

MILLÔR. L.i.v.r.o. *R. Veja*. p. 36, 6 dez. 2006.

MORAES, Rubens Borba de. *Livros e bibliotecas no Brasil colonial*. Rio de Janeiro: Livros Técnicos e Científicos; São Paulo: Secretaria de Cultura, Ciência e Tecnologia, 1979. 234 p.

MORAES, Rubens Borba de. *O problema das bibliotecas brasileiras*. 2. ed. Brasília: ABDF, 1983. 37 p.

NERY, Alfredina. Biblioteca escolar: um jeito de ajeitar a escola. In: GARCIA, Edson Gabriel (org.). *Biblioteca escolar: estrutura e funcionamento*. São Paulo: Loyola, 1989. p. 53-60.

NEVES, Iara Conceição Bitencourt. Ler e escrever na biblioteca. In:___(org.). *Ler e escrever: compromisso de todas as áreas*. 5. ed. Porto Alegre: Ed. Universidade-UFRGS, 2003.

NEVES, Lúcia M. Bastos P. Antídotos contra obras "ímpias e sediciosas": censura e repressão no Brasil de 1808 a 1824. In: ABREU, Márcia (org.). *Leitura, história e história da leitura*. Campinas, SP: Mercado de Letras; ALB; São Paulo: FAPESP, 2000. p. 377-394.

NÓBREGA, Nanci Gonçalves da. Biblioteca infantil (infantil?). *Bol. Inf. FNLIJ*. Rio de Janeiro, v. 16, n. 66, p. 12-13, jan./mar. 1984.

NÓBREGA, Nanci Gonçalves da. *A caverna, o monstro, o medo*. 2. ed. Rio de Janeiro: PROLER, 1995. 24 p. (Ler & Fazer, n. 4.)

NÓBREGA, Nanci Gonçalves da. De livros e bibliotecas como memória do mundo: dinamização de acervos. In: YUNES, Eliana (org.). *Pensar a leitura: complexidade*. Rio de Janeiro: Ed. PUC-Rio; São Paulo: Loyola, 2002. p. 120-135.

OLIVEIRA, Hildenez dos Reis; DANIEL, Sueli. *A leitura no contexto escolar: a literatura infanto-juvenil na escola*. Cachoeiro de Itapemirim, ES. 63 p. Monografia (Curso de Pós-Graduação Lato Sensu – Projetos Educacionais – Tecnologia e Desenvolvimento) Faculdade de Filosofia, Ciências e Letras Madre Gertrudes de São José. 1993.

PAULINO, Graça. Letramento literário no contexto da biblioteca escolar. In:___ et al (orgs.). *Democratizando a leitura: pesquisas e práticas*. Belo Horizonte: CEALE; Autêntica, 2004. p. 58-59. (Coleção Literatura e Educação, 5.)

POLKE, Ana Maria Athaíde. A biblioteca escolar e o seu papel na formação de hábitos de leitura. *R. Esc. Bibliotecon*. UFMG. Belo Horizonte, v. 2, n. 1, p. 60-72, mar. 1973.

PORTELLA, Eduardo (org.). *Reflexões sobre os caminhos do livro*. São Paulo: UNESCO; Moderna, 2003. 254 p.

RIBEIRO, Francisco Aurélio (org.). *Leitura e literatura infanto-juvenil: ensaios*. Vitória: UFES / DLL / Mestrado em Letras, 1997.

RIBEIRO, Francisco Aurélio (org.). A modernidade surge com a marginalidade. *A Gazeta*, Vitória, ES, 29 jul. 1996. Caderno Dois, p. 8.

SANT'ANNA, Affonso Romano de. *Para começar, leia isto. Caderno de Leitura*. Rio de Janeiro: PROLER, v.1, p. 7, 1994.

SARTRE, Jean-Paul. *As palavras*. 5. ed. Rio de Janeiro: Difel, 1978.

SCLIAR, Moacyr. *A mulher que escreveu a Bíblia*. São Paulo: Companhia das Letras, 2002. 216 p.

SILVA, Ezequiel Theodoro da. Biblioteca escolar: da gênese à gestão. In: ZILBERMAN, Regina (org.). *Leitura em crise na escola*. 7. ed. Porto Alegre: Mercado Aberto, 1989. p. 133-145.

SILVA, Ezequiel Theodoro da. Biblioteca escolar: quem cuida? In: GARCIA, Edson Gabriel (org.). *Biblioteca escolar: estrutura e funcionamento*. São Paulo: Loyola, 1989. p. 27-33.

SILVA, Ezequiel Theodoro da. *De olhos abertos: reflexões sobre o desenvolvimento da leitura no Brasil*. São Paulo: Ática, 1991. 128 p.

SILVA, Ezequiel Theodoro da. Leitura e democracia. *R. Amae Educando*. Belo Horizonte, n. 156, p. 2-4, ago. 1983.

SILVA, Ezequiel Theodoro da. *Leitura na escola e na biblioteca*. 3. ed. Campinas, SP: Papirus, 1991. 115 p.

SILVA, Vera Maria Tietzmann. Um farol que se acende, um olhar que se modifica. In: GOIÁS. Secretaria Estadual de Educação. Superintendência de Ensino Fundamental. Superintendência de Ensino Médio. Programa de bibliotecas das escolas estaduais. Goiânia, 2001. p. 9.

SILVA, Waldeck Carneiro da. *Miséria da biblioteca escolar*. São Paulo: Cortez, 1995. 118 p. (Questões de Nossa Época, v. 45.)

SOARES, Magda. Leitura e democracia cultural. In: PAULINO, Graça *et al* (orgs.). *Democratizando a leitura: pesquisas e práticas*. Belo Horizonte: CEALE; Autêntica, 2004. p. 17-32 (Coleção Literatura e Educação, 5.)

SOLIMAN, Lotfallah. A Biblioteca de Alexandria: renascimento da primeira Biblioteca universal da história. *R. O Correio da Unesco*, Rio de Janeiro: Fundação Getúlio Vargas, n. 1, p. 8-11, jan. 1989.

SOUZA, Hamilton de. A biblioteca escolar ainda é um privilégio. *R. Nova Escola*, São Paulo, n. 18, p. 6-13, dez. 1987.

SOUZA, Renata Junqueira de (org.). *Caminhos para a formação do leitor*. São Paulo: DCL, 2004.

VILLARDI, Raquel. *Ensinando a gostar de ler e formando leitores para a vida inteira*. Rio de Janeiro: Qualitymark, 1997.

YUNES, Eliana. De leitor para leitores: políticas públicas e programas de incentivo à leitura. In: ABREU, Márcia (org.). *Leituras no Brasil: antologia comemorativa pelo 10º cole*. Campinas, SP: Mercado de Letras, 1995. p. 129-138.

YUNES, Eliana. Leitura, a complexidade do simples: do mundo à letra e de volta ao mundo. In:___(org.). *Pensar a leitura: complexidade*. Rio de Janeiro: Ed. PUC-Rio; São Paulo: Loyola, 2002. p. 13-51.

YUNES, Eliana. *Pelo avesso: a leitura e o leitor*. [Rio de Janeiro, s.n.t.] 1993. Apostila distribuída em aula.

YUNES, Eliana. *Por uma política nacional de leitura*. In: BRASIL. Ministério da Educação e Cultura. Secretaria de Educação Fundamental. A formação do leitor: o papel das instituições de formação do professor para a educação fundamental. São Paulo: Moderna, 1994. p. 10-26. (Caderno Educação Básica, v. 4.)

YUNES, Eliana. Por uma política nacional de leitura. *R. Nova Escola*. São Paulo, n. 45, p. 58, dez. 1990.

ZILBERMAN, Regina. *Fim do livro, fim dos leitores?* São Paulo: Ed. SENAC, 2001. 131 p. (Ponto Futuro, 3.)

Sites consultados

http://www.bn.br

http://www.fnde.gov.br

http://www.noruega.org.br

http://www.planalto.gov.br/CCIVIL/leis/2003

http://www.pnll.gov.br

http://www.wikipedia

Glossário

Clérigo: Aquele que pertence à classe eclesiástica. Indivíduo que tem todas as ordens sacras, ou algumas delas. Sacerdote cristão.

Códex: (ou códice, da palavra em latim que significa "livro", bloco de madeira) é um livro manuscrito. Forma característica do manuscrito em pergaminho, semelhante à do livro moderno. O códex é um avanço do rolo de pergaminho, e gradativamente substituiu este como suporte da escrita.

Copista: Pessoa que copia; copiador. Escrevente. No passado, antes da invenção da imprensa por Gutenberg, o copista era responsável por copiar caligraficamente manuscritos de todos os tipos.

Cuneiforme: Que tem forma de cunha. Um dos primeiros sistemas de escrita foi a cuneiforme, inventada pelos Sumerianos (povo descendente da região da Mesopotâmia) por volta de 3200 a 3000 a.C. Consistia na gravação de caracteres, com haste de ponta quadrada, em tabletes de argila, resultando em incisões em forma de cunha, razão pela qual foi denominada de escrita cuneiforme.

Depósito Legal: É definido como exigência, por força de Lei nº 10.994, de 14 de dezembro de 2004, que revogou o Decreto-lei nº 1825, de 20 de dezembro de 1907 de remessa à Biblioteca Nacional de um exemplar de todas as publicações produzidas em território nacional, por qualquer meio ou processo, objetivando assegurar a coleta, a guarda e a difusão da produção intelectual brasileira, visando à preservação e à formação da Coleção Memória Nacional.

Incunábulo: Livro impresso nos primeiros anos da arte de imprimir, até 1500. Começo, origem. Impresso produzido nos primórdios de qualquer sistema de gravar, compor ou imprimir. A palavra incunábulo tem a sua origem na expressão latina *in cuna* (no berço), significando, pois, o berço da tipografia; como tal, refere-se às obras impressas desde 1455, data aproximada da publicação da Bíblia de Gutenberg.

Laico: Que não é clérigo. Que vive no, ou é próprio do mundo.

Manuscrito: Do latim *manu scriptu*, "escrito à mão". Aquilo que se escreveu à mão. Um manuscrito é qualquer documento escrito à mão, em oposição a documentos impressos ou reproduzidos de outras maneiras, como a tipografia.

Pictografia: Sistema primitivo de escrita em que as ideias e os objetos eram representados por desenhos. Antes do desenvolvimento do alfabeto, muitos povos antigos transmitiam suas mensagens por meio do sistema pictográfico.

***Scriptorium*:** Local nos mosteiros destinado aos monges copistas que na Antiguidade e na Idade Média escreviam os manuscritos.

Serapeum: Templo dedicado ao novo deus padroeiro de Alexandria, Serápis.

Terracota: Argila modelada e cozida em forno, normalmente utilizada na confecção de tijolos, telhas, vasos, entre outros objetos.

***Volumen*:** Cilindro de papiro, facilmente transportado. O *volumen* era desenrolado conforme ia sendo lido. Foi substituído pelo códex, que era uma compilação de páginas, não mais um rolo.

Anexo

Lei nº 10.753, de 30 de outubro de 2003
DOU de 31 de dezembro de 2003
Institui a Política Nacional do Livro.

Alterada pela Lei nº 10.833, de 29 de dezembro de 2003.

O PRESIDENTE DA REPÚBLICA Faço saber que o Congresso Nacional decreta e eu sanciono a seguinte Lei:

CAPÍTULO I
DA POLÍTICA NACIONAL DO LIVRO
DIRETRIZES GERAIS

Art. 1º Esta Lei institui a Política Nacional do Livro, mediante as seguintes diretrizes:

I - assegurar ao cidadão o pleno exercício do direito de acesso e uso do livro;

II - o livro é o meio principal e insubstituível da difusão da cultura e transmissão do conhecimento, do fomento à pesquisa social e científica, da conservação do patrimônio nacional, da transformação e aperfeiçoamento social e da melhoria da qualidade de vida;

III - fomentar e apoiar a produção, a edição, a difusão, a distribuição e a comercialização do livro;

IV - estimular a produção intelectual dos escritores e autores brasileiros, tanto de obras científicas como culturais;

V - promover e incentivar o hábito da leitura;

VI - propiciar os meios para fazer do Brasil um grande centro editorial;

VII - competir no mercado internacional de livros, ampliando a exportação de livros nacionais;

VIII - apoiar a livre circulação do livro no País;

IX - capacitar a população para o uso do livro como fator fundamental para seu progresso econômico, político, social e promover a justa distribuição do saber e da renda;

X - instalar e ampliar no País livrarias, bibliotecas e pontos de venda de livro;

XI - propiciar aos autores, editores, distribuidores e livreiros as condições necessárias ao cumprimento do disposto nesta Lei;

XII - assegurar às pessoas com deficiência visual o acesso à leitura.

CAPÍTULO II
DO LIVRO

Art. 2º Considera-se livro, para efeitos desta Lei, a publicação de textos escritos em fichas ou folhas, não periódica, grampeada, colada ou costurada, em volume cartonado, encadernado ou em brochura, em capas avulsas, em qualquer formato e acabamento.

Parágrafo único. São equiparados a livro:

I - fascículos, publicações de qualquer natureza que representem parte de livro;

II - materiais avulsos relacionados com o livro, impressos em papel ou em material similar;

III - roteiros de leitura para controle e estudo de literatura ou de obras didáticas;

IV - álbuns para colorir, pintar, recortar ou armar;

V - atlas geográficos, históricos, anatômicos, mapas e cartogramas;

VI - textos derivados de livro ou originais, produzidos por editores, mediante contrato de edição celebrado com o autor, com a utilização de qualquer suporte;

VII - livros em meio digital, magnético e ótico, para uso exclusivo de pessoas com deficiência visual;

VIII - livros impressos no Sistema *Braille*.

Art. 3º É livro brasileiro o publicado por editora sediada no Brasil, em qualquer idioma, bem como o impresso ou fixado em qualquer suporte no exterior por editor sediado no Brasil.

Art. 4º É permitida a entrada no País de livros em língua estrangeira ou portuguesa, imunes de impostos nos termos do art. 150, inciso VI, alínea *d*, da Constituição, e, nos termos do regulamento, de tarifas alfandegárias prévias, sem prejuízo dos controles aduaneiros e de suas taxas. (Redação dada pela Lei nº 10.833, de 29/12/2003)

CAPÍTULO III
DA EDITORAÇÃO, DISTRIBUIÇÃO E COMERCIALIZAÇÃO DO LIVRO

Art. 5º Para efeitos desta Lei, é considerado:

I - autor: a pessoa física criadora de livros;

II - editor: a pessoa física ou jurídica que adquire o direito de reprodução de livros, dando a eles tratamento adequado à leitura;

II - distribuidor: a pessoa jurídica que opera no ramo de compra e venda de livros por atacado;

IV - livreiro: a pessoa jurídica ou representante comercial autônomo que se dedica à venda de livros.

Art. 6º Na editoração do livro, é obrigatória a adoção do Número Internacional Padronizado, bem como a ficha de catalogação para publicação.

Parágrafo único. O número referido no *caput* deste artigo constará da quarta capa do livro impresso.

Art. 7º O Poder Executivo estabelecerá formas de financiamento para as editoras e para o sistema de distribuição de livro, por meio de criação de linhas de crédito específicas.

Parágrafo único. Cabe, ainda, ao Poder Executivo implementar programas anuais para manutenção e atualização do acervo de bibliotecas públicas, universitárias e escolares, incluídas obras em Sistema *Braille*.

Art. 8º As pessoas jurídicas que exerçam as atividades descritas nos incisos II a IV do art. 5º poderão constituir provisão para perda de estoques, calculada no último dia de cada período de apuração do imposto de renda e da contribuição social sobre o lucro líquido, correspondente a 1/3 (um terço) do valor do estoque existente naquela data, na forma que dispuser o regulamento, inclusive em relação ao tratamento contábil e fiscal a ser dispensado às reversões dessa provisão. (Redação dada pela Lei nº 10.833, de 29/12/2003)

§ 1º Para a gestão do fundo levar-se-á em conta o saldo existente no último dia de cada exercício financeiro legal, na proporção do tempo de aquisição, observados os seguintes percentuais:

I - mais de um ano e menos de dois anos: trinta por cento do custo direto de produção;

II - mais de dois anos e menos de três anos: cinquenta por cento do custo direto de produção;

III - mais de três anos: cem por cento do custo direto de produção.

§ 2º Ao fim de cada exercício financeiro legal será feito o ajustamento da provisão dos respectivos estoques.

Art. 9º A provisão referida no art. 8º será dedutível para fins de determinação do lucro real e da base de cálculo da contribuição social sobre o lucro líquido. (Redação dada pela Lei nº 10.833, de 29/12/2003)

Art. 10. (VETADO)

Art. 11. Os contratos firmados entre autores e editores de livros para cessão de direitos autorais para publicação deverão ser cadastrados na Fundação Biblioteca Nacional, no Escritório de Direitos Autorais.

Art. 12. É facultado ao Poder Executivo a fixação de normas para o atendimento ao disposto nos incisos VII e VIII do art. 2º desta Lei.

CAPÍTULO IV
DA DIFUSÃO DO LIVRO

Art. 13. Cabe ao Poder Executivo criar e executar projetos de acesso ao livro e incentivo à leitura, ampliar os já existentes e implementar, isoladamente ou em parcerias públicas ou privadas, as seguintes ações em âmbito nacional:

I - criar parcerias, públicas ou privadas, para o desenvolvimento de programas de incentivo à leitura, com a participação de entidades públicas e privadas;

II - estimular a criação e execução de projetos voltados para o estímulo e a consolidação do hábito de leitura, mediante:

a) revisão e ampliação do processo de alfabetização e leitura de textos de literatura nas escolas;

b) introdução da hora de leitura diária nas escolas;

c) exigência pelos sistemas de ensino, para efeito de autorização de escolas, de acervo mínimo de livros para as bibliotecas escolares;

III - instituir programas, em bases regulares, para a exportação e venda de livros brasileiros em feiras e eventos internacionais;

IV - estabelecer tarifa postal preferencial, reduzida, para o livro brasileiro;

V - criar cursos de capacitação do trabalho editorial, gráfico e livreiro em todo o território nacional.

Art. 14. É o Poder Executivo autorizado a promover o desenvolvimento de programas de ampliação do número de livrarias e pontos de venda no País, podendo ser ouvidas as Administrações Estaduais e Municipais competentes.

Art. 15. (VETADO)

CAPÍTULO V
DISPOSIÇÕES GERAIS

Art. 16. A União, os Estados, o Distrito Federal e os Municípios consignarão, em seus respectivos orçamentos, verbas às bibliotecas para sua manutenção e aquisição de livros.

Art. 17. A inserção de rubrica orçamentária pelo Poder Executivo para financiamento da modernização e expansão do sistema bibliotecário e de programas de incentivo à leitura será feita por meio do Fundo Nacional de Cultura.

Art. 18. Com a finalidade de controlar os bens patrimoniais das bibliotecas públicas, o livro não é considerado material permanente.

Art. 19. Esta Lei entra em vigor na data de sua publicação.

Brasília, 30 de outubro de 2003; 182º da Independência e 115º da República.

LUIZ INÁCIO LULA DA SILVA

Márcio Thomaz Bastos
Antonio Palocci Filho
Cristovam Ricardo Cavalcanti Buarque
Jaques Wagner
Márcio Fortes de Almeida
Guido Mantega
Miro Teixeira
Ricardo José Ribeiro Berzoini
Gilberto Gil

Sobre a autora

Lucia Helena Maroto é formada em Biblioteconomia pela Universidade Federal do Espírito Santo e Especialista em Leitura pela Pontifícia Universidade Católica do Rio de Janeiro. É Bibliotecária efetiva da Secretaria de Estado da Educação do Espírito Santo, onde atua há mais de 20 anos, na elaboração e desenvolvimento de programas, projetos, seminários e cursos de formação de mediadores e promotores da leitura e de organização e revitalização de bibliotecas escolares. Participa como membro do Comitê Estadual do Programa Nacional de Incentivo à Leitura (PROLER), desde 1993, e de comissões de análise e seleção de livros técnicos, voltados para a formação de professores e outros profissionais da área educacional, e de literatura infantojuvenil, para ampliação e atualização de acervos das escolas de ensino fundamental e médio da rede pública.

Contato da autora: luhema@gmail.com

Este livro foi composto com tipografia Bembo e impresso em papel AP 75 g na Sermograf Artes Gráficas.